FOR₂

FOR pleasure　　FOR life

北國白極限

POLAR
NIGHT
MAGIC

魔幻
芬蘭100天，
Popil的探險書寫。

繪著者：糖果貓貓
責任編輯：冼懿穎
封面、版型設計：林育鋒
美術編輯：Beatniks
校對：呂佳真

法律顧問——— 全理法律事務所董安丹律師
出版者——— 英屬蓋曼群島商網路與書股份有限公司台灣分公司
發行——— 大塊文化出版股份有限公司
地址：台北市10550南京東路四段25號11樓
www.locuspublishing.com
TEL：(02)8712-3898　FAX：(02)8712-3897
讀者服務專線：0800-006689
郵撥帳號：18955675　戶名：大塊文化出版股份有限公司

總經銷——— 大和書報圖書股份有限公司
地址：新北市 24890 新莊區五工五路 2 號
TEL：(02)8990-2588　FAX：(02)2290-1658
製版：瑞豐實業股份有限公司

初版一刷：2016 年 12 月
定價：新台幣 300 元
ISBN：978-986-6841-81-1

國家圖書館出版品預行編目（CIP）資料

北國白極限：魔幻芬蘭 100 天，Popil 的探險書寫
/ 糖果貓貓繪著. -- 初版. -- 臺北市：網路與書出
版：大塊文化發行, 2016.12
160 面；17*23 公分. -- (For2；30)

ISBN 978-986-6841-81-1(平裝)

1. 旅遊　　　　　　　　2. 芬蘭

747.69　　　　　　　　105020955

北國白極限
POLAR NIGHT MAGIC

魔幻芬蘭100天，Popil的探險書寫。

糖果貓貓 繪著

Foreword.

很榮幸能藉這個與芬蘭相關的作品認識糖果貓貓。她是位有潛力的年輕藝術家，能在她創作生涯初期就遇見她，真是令人開心。我相信未來能見到她大有作為。糖果貓貓代表了中國國際化的新一代青年，他們對不同文化有廣泛的認識，也充滿好奇心，願意學習新鮮事。我想她一定能讓我們明白，透過藝術家之眼看世界能領會什麼珍貴事物。

芬蘭和許多國家相比都算是個小國，必須花費許多心力才能將我們獨特又有趣的文化、自然風貌介紹給全世界。「極夜‧極魔幻‧極致體驗100天」這個計畫，邀請年輕藝術家來到芬蘭，希望提供他們刺激的體驗和創作靈感，讓他們好好描繪這段旅程。每種文化都需要被詮釋，我認為這本書以逗趣的方式串聯我們文化中的重要特色，絕妙地詮釋了芬蘭。不管讀者來自哪種文化背景，都能輕鬆融入。糖果貓貓在書中成功描繪了積雪盈盈的冬日、狂野奔放的自然、詭譎多變的文化，三者交融後如何給勇於冒險的旅人難忘的經驗。與一群朋友共同經歷這樣的生活，絕對是人生裡的一大亮點。

芬蘭四季分明，季季都有各自的迷人風貌。午夜的太陽讓夏日夜晚明亮耀眼；樹葉由綠轉成不同的紅黃色調，讓秋天的風景多采多姿。大自然在這個國家無處不在，也深深影響芬蘭人的心境思維。此外，芬蘭也以高科技和機能健全的安定社會聞名。

促進文化間的相互理解是件很有意義的事。藉各

種機會讓不同文化更為親近，正是我身為芬蘭駐
上海總領事的一部分工作。我很感謝糖果貓貓創
作這麼一本好書，一本美麗獨特的旅遊書，精確
呈現芬蘭的樣貌。我希望她會再次造訪芬蘭，來
品味其他季節，也告訴我們更多關於中國的事。

Jan Wahlberg | 芬蘭駐上海總領事館
萬伯陽 | 總領事

（張雅涵譯）

POLAR
NIGHT
MAGIC

Foreword.

2011年香港電影美術學會主辦一個為期三個月的課程：「香港電影美術全接觸」，講授如何由劇本文字轉化為實物實體的電影美術創作過程，何卓茵是其中一個報讀同學。我們將同學生分作六組，上課三個月，留下的印象並不深，但在期終結業功課上，我卻留意到何卓茵這組，在創意和繪圖表達上有較優異的表現。

課程完結後，導師們聯絡成績較佳的同學，作為自己助手或引薦給美術同業，經打聽才知道Popil已是位全職插畫師。初入電影美術工作，起薪低廉是令有能者卻步的主因，所以我們也沒再對Popil進一步查詢。

又一年過去，有同學告訴我，何卓茵就是微博上的「Popil糖果貓貓」。我早已留意到這個獨特的名字，不時會把一些繪畫作品發到微博上，筆觸圓潤帶著童趣，於是我們開始在微信互聯，對Popil才比較有多點認識。

在從事創作的行業上，我一直深信能駕馭多種媒體、可掌握不同技巧的人，會產生較獨特新穎的作品。Popil不僅是個插畫師，還是作家，工作涉及組織展覽會及營運博物館，且熱愛運動，更是個有廚藝的美食控。Popil生活豐富充滿姿采，我相信這些能力與興趣，讓Popil擊敗一眾參選者，成為中國唯一代表，前赴芬蘭的冰天雪地，體驗極致嚴寒的一百天。

Popil將旅途所見所想發至微信，現在更結集成書，圖文並茂地記錄了芬蘭的北地風光，內容充滿異國情趣，閱後彷彿親臨極地，遇到馴鹿與聖

誕老人，看見北極光和午夜太陽。跟隨著 Popil 風箏滑雪，翱翔在雪原雲端，突破冰層下潛，看見一片晶瑩剔透的水底世界。於我而言，芬蘭再不是個毫不真實的遙遠國度，令我無限嚮往，有機會也要親臨到訪。

Popil 勇於挑戰，完成了超越自己體能意志的一百日極致體驗，拉闊了個人的視野角度，激發出身體更大潛能，在創作上一定有莫大裨益。我想這也許是貌似柔弱的 Popil，可以冒險犯難的一個原因。

雷楚雄
美術總監

香港資深電影美術指導，代表作品有《色，戒》、《青蛇》、《雛菊》、《千機變》等。曾獲第二十三屆香港電影金像獎最佳美術指導。

POLAR
NIGHT
MAGIC

Preface.

「我從前風聞有你，現在親眼看見你。」──〈約伯記〉第四十二章第五節

2015 年底，命運推了我一把，把我帶到極地。芬蘭旅遊局和芬蘭航空辦了一個「極夜‧極魔幻‧極致體驗 100 天」，我從海選勝出，成為中國唯一代表、五位國際探險者的其中一員。在芬蘭，度過了極夜的三個月，從現實進入魔幻的森林，挑戰從未嘗試過的極限運動。從此，人生多了一場歷險記。

整個探險旅程，宛如發生在北極圈裡的 RPG 角色扮演遊戲。把我過去的認知，和辛苦建立的個人領域推倒，猶如初生。拋棄乖僻後，曾引以為傲的社會角色：城市少女、插畫藝術家、作家、馬拉松跑者、KOL，在面對大自然和饑寒時，我什麼都不是。從零開始，學習求生技能，沒有經驗亦無捷徑，全憑摸索和實踐，步步進階，接近極限。

尤其是覺得自己撐不過去快要死的時候，更讓我後悔很多事情。後悔有時因為個性使然，經常和最親近的人吵架，比起我現在所經歷的根本不算什麼。不知不覺間，自己成了一個讓人有安全感、可依靠的人。如今能平安活著回來，成為真正的生存者，總覺得不可思議。

這才明白，原來極限是存在的，而且有一個清晰的界點。當極限來臨，你會明顯感覺到危險的信號，直達感官。你突然發現，除了信仰，你其實一無所有，因為信仰是唯一不會在危難時拋棄你；你所交託、祈禱的，神自然會指引你的路。

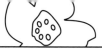
當王者歸來，再回首，誰不是從最低微的小角色開始呢？

但其實真正的迷失，是從魔幻回到現實，我得長時間消化適應嚴峻過後的平靜。同時，我對未來規劃產生了懷疑：到底要以原來藝術家的身分，奮鬥下去？還是，完全脫離現實，投入冒險者的身分，繼續在路上探險？

直至執筆，才發現冒險的血液，早就注入了我的創作。如沒有親身經歷過危難，我的稜角只是尖銳，而沒有輪廓。

我永遠都有一部分遺留在芬蘭。

How could I forget?

糖果貓貓
2016.10.01

POLAR
NIGHT
MAGIC

CONTENTS

I. What to Know About

II.The Making of an Arctic Explorer

III.The Exhibition

THE ARCTIC

韓國探險者
自由職業攝影師
年齡：36

中國探險者（本書作者）
藝術家
年齡：31

探險之旅領隊

作為一名旅行攝影師，我曾環遊世界，到過六十多個國家。我一直都夢想著能在北極天地裡待上一些時間，飽覽冰雪寒冬之美。我期待能在芬蘭欣賞到令人嘆為觀止的自然風光，捕捉到讓人興奮的攝影畫面，我知道我一定可以用絕妙的照片呈現這一切。

我生性好奇，不斷尋找機會挑戰自我、獲取新知。前往芬蘭參加極夜魔幻之旅，對我而言是一生只有一次的探險體驗，希望藉此找到未來的靈感之源。

帕西·易闊寧先生的戶外探險生涯是從擔任邊境巡警開始。後來他成了一名職業運動員，身為隊長率隊征戰世界各地，贏得多次國際獎項。2008 年，他隻身完成了無後援支持的南極點探險，並擁有十餘年的野外探險領隊經驗。

100 DAYS
OF POLAR NIGHT MAGIC

EXPLORERS

photo courtesy of Visit Finland and Finnair

資料來源：極夜·極魔幻·極致體驗 100 天網站：polarnightmagic.com/cn

SOPHIE

MATTHIAS

YUICHI YOKOTA

英國探險者
平面設計師
年齡：24

德國探險者
自由攝影師
年齡：34

日本探險者
自由攝影師
年齡：30

我喜歡把自己稱作「永遠的新手」，這是我的一位密友給我封的名號。我的鞋子一直是濕漉漉的，我的自行車也總是髒兮兮的，但是我永遠都在尋找新的挑戰或是創意，燃燒著異常充沛的能量。在選擇是夏天還是冬天去度假時，白雪皚皚的山巒總是更讓我神往。雖然我把自己包裹得裡三層外三層，但是就像大多數朋友享受沙灘那樣，我在雪中也能體驗到同樣的愉悅。對於我來說，這次探險之旅實現了我心中那份最狂野的夢。

兒時的我並不是一個真正的「戶外迷」，相反，我和電腦打了很多交道。這種狀況在 2008 年發生了改變，那時我買了第一部真正意義上的相機，從而開始以另一種眼光認識這個世界。透過傳感器捕捉精彩瞬間並將它們保存下來，這種魔幻般的體驗使我的注意力完全轉向了大自然。我期待能在芬蘭體驗人跡罕至的荒野和純淨的大自然。我希望能在我最愛的哈士奇的陪伴之下，親眼見證美麗的北極光。

攝影是我的激情所在，我深信可以透過我的照片和廣大觀眾溝通，無需任何言辭。我拍攝的照片描繪的是我內心的情感，表達的是我身邊的點滴美好體驗。即將開始的探險之旅讓我興奮不已。這種感覺讓我回憶起兒時，在去野餐的前一天晚上一定會興奮得難以入睡。

POPIL
2016.03.03

I

What to Know About

在芬蘭，你需要知道的事

芬蘭冬季
冒險地圖

其實，我一直以為，芬蘭有北極熊。直至，跟隨 Polar Night Magic 極夜探險隊，從首都赫爾辛基（Helsinki）出發，一路向北狩尋北極光，進入拉普蘭（Lapland）地區，經過童話般的聖誕村，到達芬蘭最北部的北極圈，才發現這裡只有哈士奇、馴鹿和沉睡的棕熊。

從地圖上看，上半部分是極夜探險隊探險的主要地方，途經十八個站、跨越不同城市。我們由淺至深，從戶外知識、技能學習，到挑戰極限運動，面對真正的荒野生存，並體驗當地薩米族人原始、純樸的生活，感受魔幻的極夜。冬季雖然寒冷，氣溫在零下二十至四十度之間，但這不妨礙冒險者蠢蠢欲動的心。熱愛戶外文化的探險者，都會來到位於芬蘭北部的拉普蘭，挑戰各種極限運動。這裡有遼闊的冰川、連綿的雪山、暗湧的冰瀑布、迷宮一樣的魔幻森林和等待發掘的國家自然公園。極夜來臨的時候，太陽不再升起，但其實也不是完全地進入黑暗。取而代之的是火狐起舞與星河泛起的漣漪，伴隨霞月映照在白雪上，照亮了沿途堅定的探險者的腳印。

再回首，我的一百日極夜冒險旅程，都只是淺嘗了皮毛。芬蘭的美好，永遠不止在看，而在於探索和體驗。

HOW TO
GET THERE

從罌粟花
A350 開始

2015 年 12 月 5 日。我乘坐最新的芬蘭航空 **A350**，從上海飛往芬蘭，越過冰川的上空，抵達赫爾辛基（**Helsinki**）機場。這是我第一次體驗飛往北歐的航班。在 **Iittala** 的玻璃餐具製品，和 **Marimekko** 罌粟花圖案的包圍下，從飛行旅途開始，已經感受到北歐的美好設計。

一直以來，我都覺得芬蘭航空是最大膽的航空公司，致力推廣品牌文化與藝術設計結合。誰也不會想到，2014 年芬蘭航空竟然在機場舉行踩滑板活動，在有限的時間內把機場變為一座可以自由自在地玩滑板的地方！2016 年，更搖身一變把機場變成時髦的 **T** 台，模特兒穿著本土服裝在跑道上走 **catwalk**。他們甚至和 **Marimekko** 合作，把罌粟花的圖案大膽地使用作 **A340** 飛機的塗裝，衝上雲霄，成了空中的藝術品。

100 Days of Polar Night Magic 就是芬蘭航空和芬蘭旅遊局合作，於 2015 年誕生的，又一個異想天開的大膽項目（雖然我至今還不知道到底誰想出來的）。

而我，就在飛機上。隨手翻開航空雜誌，看到自己的名字就出現在其中，宣傳著探險隊正要展開冒險的報導。依然不敢相信這一切都是真的。

如果你們有機會來到芬蘭，希望你會喜歡，我們的冒險故事。

上：以罌粟花圖案為塗裝的芬蘭航空 A340 航機。（圖片提供：芬蘭航空）
下：被 Marimekko 罌粟花和 Iittala 玻璃製品的美好設計包圍的花漾飛行。

穿衣大法

芬蘭的冬季，變幻莫測。特別在北極圈範圍內，戶外常常極度寒冷。溫度甚至可達零下 40 度以下，因此需要穿著專業級的保暖衣服。嚴格遵守芬蘭的穿衣大法，層層包裹自己（如果要了解芬蘭穿衣大法，其實芬蘭旅遊局的網站有詳細的介紹）。特別是前往芬蘭參與戶外探險、滑雪等運動，往往需要更專業帶功能性的衣服，來幫助排汗同時抵禦寒冷。

如果你的行程是途經芬蘭首都赫爾辛基。完全可以穿著個人普通冬季打扮，到達芬蘭再購買保暖裝備（因為赫爾辛基室內是有暖氣啦！）。我個人覺得在亞熱帶的國家能選擇的不多，在北歐會有更多樣的選擇、功能性更體貼，款式也好看。

推薦哈迪（Halti）這個芬蘭戶外服裝和徒步用品品牌，從保暖內衣到戶外裝備樣樣俱全，足夠應付平時的戶外活動。

我既然可以安全無恙在北極圈裡度過三個月，證明穿衣大法還是很管用。結合個人心得，以下是按順序──雖然全部穿上後，還真的像一隻熊喔，但絕對保暖！給大家一個參考：

內衣		服飾配件
1. 內褲要非棉質，適合戶外排汗和快乾。 2. 內衣推薦 Nike Bra，鋼絲胸圍不適合戶外運動。 3. 排汗內衣和保暖打底褲。	**手套** 1. 薄手套，適合排汗。 2. 戶外手套，適合任何戶外運動。我選的是爬山手套。	**雪鏡**
		外衣 上身：保暖抓絨衣＋羽絨 下身：帶肩帶的滑雪褲。
	襪子 1. 排汗薄襪子 2. 羊毛襪	**外套** 1. 羽絨服 2. 衝鋒衣 3. 防寒大衣
	羊毛帽	**雪靴**
	圍脖	

How to dress in Finland
underwear

戶外裝備

三個月的野外生存，讓我感受到戶外工具的重要性。每一件看起來好像不重要的小物品，在關鍵時刻總是能派上用場。

假如你是決心走入森林，在戶外徒步探險，以下物品都是個人推薦攜帶的：

指南針。迷路的時候作為指引方向使用，十分重要。

智能 GPS 手表。記錄你的行程路線，我使用的是頌拓（Suunto），還可以潛水。

火柴。最快生火的工具，只要一根小蠟燭就可以讓室內氣溫迅速回暖，是幫你驅走極夜黑暗的小法寶。

頭燈和手電筒。極夜裡最佳的工具，我二十四小時都攜帶在身邊。

啤酒或者威士忌。在野外生存，總要給自己一點激勵。

望遠鏡和口哨。如果你落單了，讓別人找到自己！

Guksi 杯。在戶外木製的 Guksi 杯子可以用作熱飲或者碗使用。方便放在雪地上，也不容易打翻。

Puukko 刀。傳統的北極圈生存工具，幾乎適合任何勞作，也能保護自己。

帳篷。遇上暴風雪的時候，能成為臨時戶外避難所。

睡袋＋睡墊。在戶外不能直接睡在雪地上，需要加上睡墊。

保暖壺。內裝熱水、咖啡、巧克力，是徒步的保暖恩物。

GoPro 相機。在戶外活動的時候，可以幫你隨時捕捉珍貴的畫面。

暖暖包。我覺得如果不是運動需要排汗的情況下，暖暖包可以發揮到一定作用。特別是在守候北極光時。

巧克力。迅速補充能量！

藥物。隨身攜帶消炎藥、維生素、發燒＋感冒藥、急救包（消毒，止血等）、急性胃藥、雪花膏、關節肌肉勞損外用藥物、止痛藥、眼藥水。

護膚品。葡萄籽油對臉部保濕很有用。切記不要用水狀護膚品，因為很可能會在臉上結冰。

女生的選擇

女生在極寒的時候需要特別注重保暖。特別是不方便的幾日。我是怎麼度過的，給你們一個參考：
1. 選用棉條，棄用衛生棉，因為血液會結冰。
2. 常備暖暖包。
3. 常備生薑來泡茶。即使在戶外，將一整塊薑泡在熱茶裡，放在保暖瓶，隨時多喝。
4. 濕紙巾。幾乎適合用於任何情況。
5. 護墊。在戶外探險時不一定有機會洗澡，甚至更換內褲，至少可以勤換護墊。

戶外洗手間的解決方法：戶外活動的時候很難有洗手間，可以自備一次性尿袋。

參加芬蘭的戶外活動，無論是滑雪還是徒步，一切的裝備都可以租借。不要錯過體驗芬蘭自然探索的樂趣！

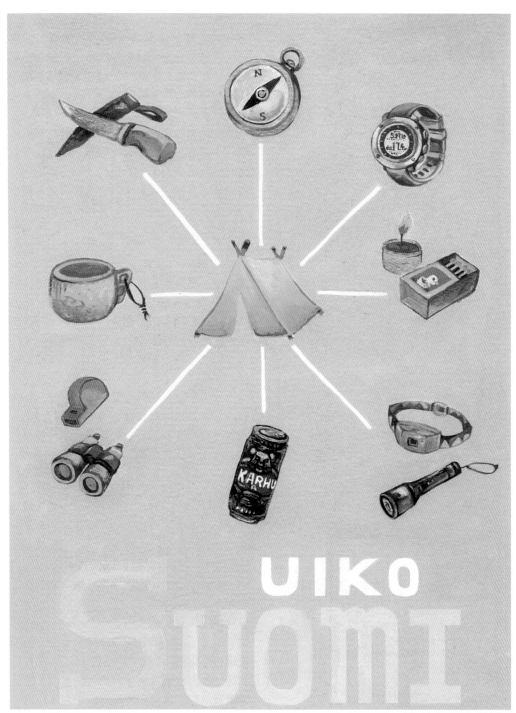

Suomi Uiko 是「芬蘭戶外」的意思。

原住民薩米人

薩米人（Sámi，薩米語為「Sápmelaš」），是北歐地區的原住民，也是芬蘭傳統的民族。聚居在北極圈之內，號稱「歐洲最後一塊原始保留區」，每天過著與大自然為伍、步調輕鬆的生活。

傳統的薩米族是遊牧民族，主要以飼養馴鹿維生。薩米人天性好客，樂於招呼新朋友到自己居住的棚屋，分享自己醃製的馴鹿肉。假如被邀作客時請要切記，詢問薩米人擁有的馴鹿數量是個禁忌，因為對於他們來說，馴鹿就是全部的財產。

薩米人至今依然堅持動手勞作，手工製作各種求生工具及生活用品。傳統薩米手工藝品包括木器、骨器、馴鹿鹿角工藝品、毛氈品、皮革製品、珍珠和錫絲刺繡、蕾絲編織等，主要用作日常使用和公平貿易。薩米人的服飾，相對愛斯基摩人更為精緻，款式和材料亦多樣化。

薩米族的長相，其實並不像北歐的白種人。因為是經歷變遷的遊牧民族，有部分長相接近亞洲人，擁有小麥色的皮膚。雖然近代因為混血的關係，薩米人的臉部輪廓特徵已經沒那麼明顯，但依然可以看得出區別。

薩米族其實有好幾種方言，發音都相近，這無礙於他們天生的好嗓音。薩米人喜歡用特殊的發聲（咽音）來吟唱歌謠，我聽過一次，就像把詩句加上調子在吟誦。

近代薩米人其實越來越少從事遊牧，不再過漂泊的生活。他們積極分享薩米文化，組建牧場和販賣親手製作的薩米工藝品。遊牧民族如此融入主流社會，其實有好有壞，但至少學會共存，是一個保存傳統民族文化的好

我的第一張駕駛執照：馴鹿駕駛證。

選擇。

冒險隊在薩米族的馴鹿牧場「考」了一個馴
鹿駕駛證，學習牽引馴鹿，餵食、駕駛馴鹿
雪橇以及繩圈馴鹿。

我人生的第一張駕駛證，竟然就是來自駕駛
馴鹿雪橇！

上：現代薩米人的傳統服裝。
中：掛在身上的木製 Guksi 杯子。
下：薩米人在教我們如何圈套馴鹿。

好客的薩米人，招呼我們進去他的棚屋。

HOW TO
SHOOT

如何拍攝極光

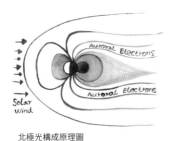

北極光構成原理圖

薩米人深信一個古老的傳說,北極光（Aurora）是來自一隻天上的火狐狸,在極夜穿越北極之國,尾巴濺起的雪花,在漆黑的夜空裡,泛起了七彩的漣漪。

一百天的冒險旅程,讓我有更多時間觀察北極光。至今,我仍不能完全了解和熟悉它的形狀。即使攝影也無法捕捉到全貌,需要親眼見證,真切地感受到它是一份來自上帝的禮物。

記得在北極圈的第一晚,就遇上突如其來的北極光,以為需要時間等待狩覓的大自然奧祕,竟然在晚餐時間後毫不客氣地跑出來了。站在飯店的頂樓,看著它就如帶著尾巴的怪物,橫跨了燈火闌珊的半個城市。隨著磁場變化而活躍,形狀時如階梯,時如河流泛起的漣漪,顏色是不可形容的綠。覺得自己以前太濫用 amazing（驚人）這個字了,當真正面對大自然的奧妙時,其實是興奮得說不出話。

到底,花光了這輩子多少運氣,才遇上「你」?疑惑,到底是我在追逐北極光,還是北極光在追逐自己?

在夜空裡，蔓延向上的北極光，猶如通往天國的階梯。

拍攝北極光，建議使用單反相機，感光度較高，容易捕捉到肉眼看不到的顏色（切莫用手機！浪費你的寶貴時間）。另外配一個三角架。拍攝時，其實沒有一個固定的數值，每次都需要根據實際情況調整。

按我個人使用佳能相機 5D 單反的設定建議——

一般肉眼可以看到的北極光：
ISO 800 + f/2.8 + 10s
ISO 1600 + f/2.8 + 8s

如果想捕捉移動慢或肉眼看起來模糊的北極光：
ISO 800 + f/2.8 + 25s
ISO 1600 + f/2.8 + 15s

黃昏還有點光的時候，或者遇到強烈北極光的時候：
ISO 800 + f/2.8 + 8s
ISO 1600 + f/2.8 + 6s

另外，我們嘗試過 GoPro 夜光模式拍攝北極光，用作視頻攝影。但因為戶外溫度太低，電池往往消耗得很快，記得要準備後備電池。以下 GoPro Setting 數值僅供參考：
1. 進入夜光模式
2. 選擇延遲拍攝：10 秒
3. 其餘常規設定

WHAT TO DRINK

「國寶級」啤酒

在芬蘭語中，熊的讀法是「KARHU」。

「KARHU」除了是芬蘭棕熊的名稱，同時也是芬蘭特有啤酒的名稱。棕熊是國寶級的動物，冬天會躲藏在積雪深厚的森林裡冬眠。所以冒險隊在露營的時候，總是特別小心，以免吵醒正在沉睡的棕熊。

如果你在野外遇到「KARHU」時，一定要小心生命安全！但如果你在桑拿的時候，手上有一罐「KARHU」啤酒，你會受到芬蘭人的歡迎哦！

「KARHU」是芬蘭當地的一種啤酒，因為價格低廉，口感也清爽，被譽為最適合桑拿時喝的啤酒！

芬蘭人對「KARHU」的狂熱程度，竟然可以為了「KARHU」而親手編織了一雙毛線襪！

WHAT TO EAT

主要食物
馴鹿肉與紅鮭魚

馴鹿

reindeer

在芬蘭的冬季，最常見的食物包括北極紅點鮭、河鱸、馴鹿肉和菌菇。幾乎每間餐廳都有提供，但越接近北極圈，物資越短缺，餐廳一般只提供這四種食物。

馴鹿在芬蘭，是傳統的交通工具，也是主要的食材。牛肉、豬肉及雞肉在冬日難以飼養，價格會比馴鹿肉貴，甚至需要進口，所以家家戶戶在日常料理，只會用到馴鹿。馴鹿肉一般可以貯存，全身每一個部位都可以食用，而且口感像牛肉，但肉質更爽口和扎實。幾乎適合任何一種烹飪方法，因此深受芬蘭人的喜愛。年輕人喜歡光顧的餐廳，也勇於嘗試把馴鹿肉混合到其他國家的菜式做法裡，但我們始終對馴鹿肉壽司比較有保留。

醃漬的魚類食物，無論是在餐廳還是超市都很常見。雖然口感很獨特，但我並不是很喜歡，因為太腥了。

口味吃起來像牛肉的馴鹿肉。

北極紅點鮭
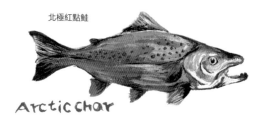
Arctic char

河鱸

Perch

而我最常吃到的北極紅點鮭，生長在淡水湖泊，吃起來跟一般我們平常吃到的鮭魚味道差不多。我其實比較喜歡芬蘭的國魚河鱸，肉汁很鮮美，這個時候我經常會渴望有一瓶醬油和白米飯在我的面前。

菌菇類的食物，芬蘭人從七月開始採集，一直貯存到冬季的時候，烹調成各種各樣的食物。我唯一不太喜歡的是醃漬的魚，很難理解那麼腥的魚夾在麵包裡，是什麼黑暗料理技法，覺得不太好吃。

遺憾，我只吃魚類和蔬菜，因此只有在荒野生存的時候，嘗過馴鹿腸，味道跟熱狗沒有太大區別。

芬蘭南部和其他北歐國家在料理做法上和分量是有區別的，越接近北部，分量也會越大。如果想要嘗試一些較精緻的芬蘭菜式，其實在赫爾辛基幾乎每一家餐廳都很好吃，放心去嘗試吧。

如果你碰巧在羅瓦涅米（Rovaniemi）開展你的滑雪旅程，推薦以下幾家餐廳：

1. **THULIA**
   於滑雪場附近，有好吃的雜莓雪霜甜品。地址：Antinmukka nr. 4, Rovaniemi 96600, Finland。
2. **ARCTIC BOULEVARD**
   一間有超級大的北極熊在外面的餐廳！超級好吃，據說是城市裡最好的餐廳。地址：Valtakatu 18, Rovaniemi 96200, Finland。
3. **ROKA**
   是一家具工業風設計咖啡店，有馴鹿肉漢堡，和特製的北極紅點鮭。地址：Ainonkatu 3 | LH 2, Rovaniemi 96200, Finland。
4. **RESTAURANT NILI**
   一家芬蘭懷舊裝修的餐廳，服務員穿著懷舊的芬蘭服飾，有棕熊的熊皮裝飾，以傳統的芬蘭美食為主，有極好吃的魚。地址：Valtakatu 20, Rovaniemi 96200, Finland。
5. **PAHA KURKI ROCKHOUSE**
   老搖滾設計，是我第一次喝 Karhu 熊啤酒的地方。地址：Koskikatu 5, Rovaniemi 96200, Finland。
6. **AITTA DELI&DINE**
   現代風格的餐廳，有手工製巧克力甜品。地址：Rovakatu 26, Rovaniemi 96100, Finland。

上：各種菌菇製作的食物都深受芬蘭人的歡迎。
下：新穎菜式的餐廳會提供馴鹿肉的漢堡和北極紅點鮭刺身。

HOW TO
COOK

莓果甜食

Finnish dessert.

芬蘭擁有豐富的漿果（芬蘭語：Marja）資源，盛產著各種各樣的莓：藍莓、蔓越莓、樹莓、雲莓、覆盆子、沙棘果等等。

每年夏天，芬蘭人都會在戶外採摘天然漿果，醃漬果醬，留待冬日時製作各式食品和甜品，暖暖甜甜地度過整個冬季。

	2	3
1		
	4	

1. 芬蘭人幾乎每款蛋糕都喜歡加入漿果和甜甜的奶油，冬天多吃甜食是積累熱量的根源。做法和一般蛋糕沒有太大區別，只是會使用大量的漿果！

2. 漿果雪芭，桑椹口味最佳，也可以在一般的雪芭上淋上莓果果漿。

3. 在芬蘭無論到哪裡，都可以品嘗到芬蘭的莓汁，在超市也有現打的莓汁發售。但芬蘭人很喜歡用它來混一些威士忌或甜酒，接近聖誕時節，會加入些橙皮和肉桂，一起煮熱。感覺就像冬天的聖誕熱飲，只是把紅酒換了莓汁。

4. 最喜歡的一道甜點是以雲莓配搭麵包奶酪（LEIPÄJUUSTO）。由於每一株雲莓只會長出一顆果實，因此雲莓也被喻為拉普蘭的「黃金」。在煎鍋上先把奶油燒熱，然後放入麵包奶酪，雙面煎到金黃焦香，就可以加入雲莓一起吃！新鮮的雲莓和雲莓果醬口感完全不一樣。

HOW MANY TYPES OF SAUNA

桑拿狂熱

在芬蘭,存在形形式式的桑拿,桑拿是一種文化!

幾乎家家戶戶都有桑拿房,而且對桑拿的追求已是到達了狂熱的程度。甚至還曾舉辦過桑拿比賽(據說最後一屆的冠軍,是因為桑拿高溫引致心臟病發;而第二名選手皮膚嚴重灼傷,所以從此取消了桑拿比賽)。

但其實適當溫度的桑拿對消除疲倦很有效,特別是在戶外的時候,一天勞動下來,可以幫身體排出寒氣。芬蘭人有一種說法:「沒有什麼是在桑拿房裡談不妥的!」

我和 Sophie 雖然不算是桑拿狂熱,但也樂不厭倦地去嘗試了各種各樣奇怪的桑拿。我們習慣把少女心事都留在桑拿房裡談,同時舒展身體,讓身心盡情放鬆。

你無法想像,得親身體驗的芬蘭桑拿:

1. 傳統芬蘭桑拿
由木材搭建而成,運用柴火加熱石頭,產生蒸汽。和一般飯店裡的電子桑拿比起來,溫度上升得特別快,而且可保持空氣濕潤,不會覺得皮膚乾燥。

2. 電子桑拿
飯店和家庭使用得比較多,可以同時供熱比較大的空間。缺點是特別悶熱,我常常在裡面待不到十分鐘就要出來了。

3. 機場桑拿
芬蘭人對桑拿的狂熱已經蔓延到公共設施。芬蘭的機場其實有隱藏的桑拿房,只需要提前預約就可以享用。

傳統芬蘭桑拿

4. 纜車桑拿

不知道是誰的發明，全世界只有芬蘭有纜車桑拿！纜車內部結構和一般桑拿無別。好處是，可以一邊享受桑拿，一邊欣賞沿途美景。一程來回價格不菲，但剽悍的人生是需要獵奇！

5. 煙燻桑拿

和傳統桑拿的原理是一樣的，但會有灰黑色的煙燻。我個人不是很喜歡，覺得自己好像一塊被煙燻的培根。

6. 帳篷桑拿

沒有任何荒野達人辦不到的事，只要你想到都可以隨時隨地在戶外享受桑拿。用木板架設在雪地上，搭建桑拿帳篷（和一般帳篷有一點區別，頂上有一個圓形的洞）透過傳統的方式燒熱石頭，產生蒸汽。缺點：透火和搭建的時候覺得特別麻煩；優點：假如你在戶外五天沒洗澡，你會覺得桑拿簡直是上天賜予的恩物。

電子桑拿

纜車桑拿

WHERE IS SANTA CLAUS

聖誕老人
在哪裡？

上：最瘦卻最真實的聖誕老人。
下：聖誕村裡巨大無比的雪人。

世界上真的有聖誕老人嗎？

聖誕節其實是芬蘭的特產！也是聖誕老人的故鄉。從冬季開始，隨處都可以感受到聖誕的氣氛。聖誕老人的形象，在小時候就已熟悉了：白白鬆鬆的鬍子、圓滾滾的大肚腩、笑起來爽朗的呵呵呵。在溫暖而懷舊的書房裡，閱讀著世界各地小朋友的信件⋯⋯ **If this what you are looking for**，這裡確實有，而且不只一個。在這裡，我遇到很多聖誕老人的扮演者。最著名的聖誕老人，就住在聖誕老人村（**Santa Claus' House**），位於拉普蘭的羅瓦涅米地區以北八公里處的北極圈內。裡面有聖誕村部落和聖誕郵局，迎接世界各地的小朋友，給予祝福！多國元首，都曾在這裡和聖誕老人合照過。

聖誕雖然不是亞洲人的傳統節日，更像一年一度進行的商業促銷活動，我們卻十分熱中於聖誕文化。但讓我相信聖誕老人的存在，是一個隱藏在離聖誕村不遠的雪森林，居住在木屋裡一位瘦小的聖誕老人扮演者。他看起來，像 S 碼的聖誕老人。

因為實在太瘦了，我疑惑地問他：「你真的是聖誕老人嗎？」
他說：「我給你講個故事吧！幾年前，一個小女孩來探訪，她問我，『怎麼樣我才可以重新開心起來？』原來這個小女孩的爸爸就在聖誕節前離世了。後來，我聯繫到小女孩的家人。在第二年的聖誕，我把她爸爸的照片和禮物親手交給她，告訴她，這是她爸爸在天國特意叮囑我準備的聖誕禮物。當我看到她重新笑起來的時候，我覺得我是一個聖誕老人。」

上、下：親手製作的薑餅。
右頁上：Polar Night Magic 團隊和聖誕老人合照。
（photo courtesy of Visit Finland and Finnair）
右頁下：在芬蘭隨時會看到騎著馴鹿出現的聖誕老人！

聽完他說的故事，我就相信了——應該說，我相信了聖誕老人這個角色的必然性。聖誕老人的意義，並不在於讓人們去相信這個角色的存在，而是要傳達一種幸福的信念和責任。成長，教會了我們太多的現實，不再願意相信世間的美好。而聖誕老人就是一個象徵、一個憧憬，把我們帶回到想像裡，鼓勵做夢，和時刻提醒著這個夢想存在的意義。

很多人只記得聖誕老人，忘記了在聖誕日出生的耶穌其實和聖誕老人一點關係都沒有哦！

在芬蘭，除了探訪聖誕老人，感受聖誕氣氛，還可以動手參與製作薑餅的工作坊。我們把願望寫好後，便掛在最高的聖誕樹上。據說要實現願望，就一定要掛到最隱祕的森林裡，雪融化的時候，就是願望實現的時候。

我用 Puukko（芬蘭獵刀）親手製作了姆米（Moomins）造型的薑餅，和冒險隊員分享。

WHAT TO SEE

我喜歡的
美術館及博物館

羅瓦涅米的北極圈和我想像中的北極圈不一樣，既沒有荒涼感，也沒有北極熊，倒是有幾家值得一去的博物館。典藏著豐富的藝術和傳統文化，猶如雪國裡的寶石，讓人驚喜。

北極圈科學博物館
Arktikum Science Museum

北極圈科學博物館是世界上緯度最高的博物館！結合傳統和現代的設計，博物館建築由通透的玻璃幕頂組成，外形猶如指向北面的玻璃手指，與皮爾克科學中心（Pilke Science Centre）相連。 在裡面可以了解到北極光構成的原理、芬蘭的天文地理及北極圈自然環境知識、追溯芬蘭的歷史和傳統薩米族的文化，同時紀念著戰爭洗禮後業經修復的羅瓦涅米文明。

1		4
	3	5
2		

1 北極圈科學博物館玻璃屋頂
2 北極圈科學博物館
3、4、5 博物館內部

科倫迪文化中心
Korundi House of Culture

科倫迪文化中心是羅瓦涅米藝術文化的心臟,縱容了芬蘭藝術文化的自由表達。展示從新媒體藝術到傳統手工藝術,積極幫助及推崇本土藝術設計和自然的融合,以及舉辦青少年工作坊推動手工藝術的培育。同時亦設有多功能的演奏廳,適合不同類型的音樂會舉行。

剛好在這裡看到我很喜歡的芬蘭國寶級的設計大師塔皮奧·維卡拉(Tapio Wirkkala)誕生 100 週年的紀念展覽。展出了大量維卡拉創作的手稿和經典作品,包括玻璃設計以及公共裝置藝術。維卡拉是國際公認的天才設計師和設計改革家,擅長把自然元素融入現代設計裡。曾與芬蘭著名的 Iittala 玻璃品牌合作,創作出超過四百件的玻璃製品。其中為人熟知的融冰系列(Ultima Thule),至今仍作為芬蘭航空商務艙專用。

維卡拉每一個時期的作品設計都帶有重要的歷史意義,見證了芬蘭文化發展的趨勢和形態。把原始樸實的材質,重新定型,融入現代哲學,塑造出超越自然的美感。芬蘭的家家戶戶,至今流傳了不少維卡拉的作品,依然被使用在日常生活當中。

部分新媒作品

維卡拉的隨身物品

音樂展廳,每年在這裡承辦了上百場大小型的音樂會。

維卡拉的作品涉及各種範圍,包括家具裝飾及玻璃。

漢姆美術館
HAM

如果要論最時髦和最受年輕人歡迎的博物館,在遊覽赫爾辛基時千萬不要錯過漢姆美術館。它位於市中心最心臟的位置,附近是汽車與捷運站總站,便於遊客在換乘或者逗留時可以順便參觀。展品除了有本土藝術家的作品外,也有當代最流行的藝術家作品巡展。例如在 2015 年,就展出過藝術家艾未未最經典的作品《艾未未在赫爾辛基》;2016 年更迎來了草間彌生的作品。

最讓我感動的是,正好碰上了姆米的創作人、芬蘭女作家朵貝·楊笙(Tove Marika Jansson)的作品回顧展。

朵貝·楊笙的早期作品,其實和後來的姆米風格完全不一樣,卻巧妙地把姆米隱藏在畫裡。大家發現了嗎?

漢姆美術館

姆米陳列展示

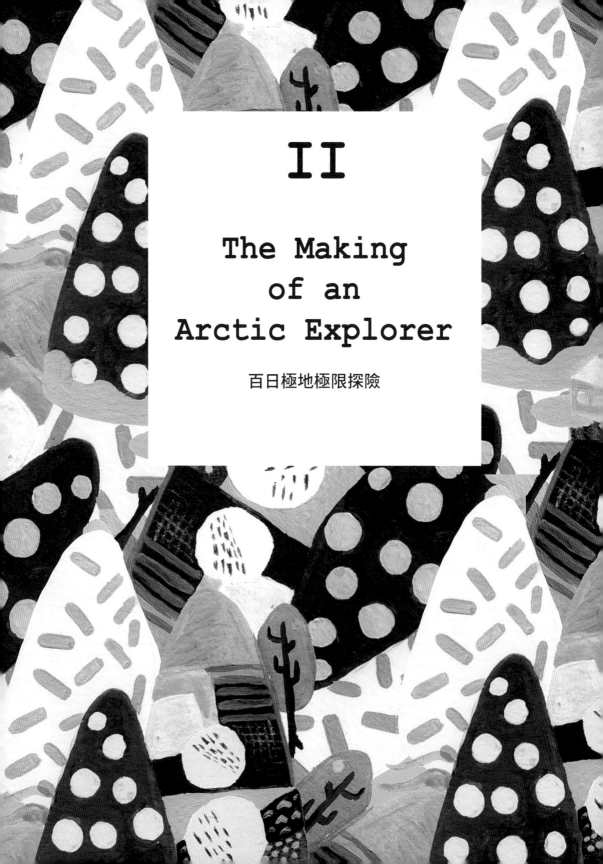

II

The Making
of an
Arctic Explorer

百日極地極限探險

STAGE 01
The Beginner

冒險者入門

初級滑雪姬

我討厭滑雪。

滑雪對從小生活在亞洲的人來說,是個完全沒有概念的技能,徹底讓我意識到,有所不能。偏偏在北國,滑雪板才是「腳」。既然是「腳」,得先學跌,再學行。摔在雪上其實不痛,只是爬起來時特別困難,有別於溜冰和跑步。首先要學會的是,不要去思考和反抗。只要姿勢正確,你就隨著雪板沿著滑雪軌道前行。但往往很自然地,過去的認知會操控著你的反應,自認聰明,忘記了剛學會的技巧。

我並沒有料到旅途一開始,就因為手腳不協調而生起挫敗感。在山坡上,我看到極夜的來臨,和遠處灰白色的森林。面對新技能的不熟練,心裡慌張。教練 Ola 說,保證三天就能學會滑雪,從山坡「飛翔」下去。其實我只用了一天,就下去了──但不是飛,而是像雪球一樣滾下去。想起希臘神話裡的西西弗斯,一位永遠被懲罰的人,要永無止境地推一塊巨石上山。到達山頂後,石頭又滾下來,無限循環。石頭之重,早就超越了

所能承受的精神較量和妥協。但慢慢的，他
學會了接受，並從中悟出了道理和快樂。與
其跟無法征服的事情去抗衡，倒不如先從失
敗裡接受自己其實並不強大。比起西西弗斯
的推石頭，我面前的這座小山坡又算得上什
麼。Ola 教我，害怕時就喊：「Sisu」（芬
蘭語裡，堅持就會勝利的意思）。我就把自
己想像成燕子，雪桿是燕尾，「Sisu……」
地滑下去。

我到底是什麼時候學會了滑雪的？也許就
在懂得跌倒的時候。練習時有一個動作得捨
棄雪杖，把手搭在隊員的肩膀上，把對方當
作雪杖支撐自己，同時滑行並保持平衡。我
和 Sophie 同組，本來兩個陌生人，毫無
默契可言。我急得先走第一步，像小朋友參
加競技賽一樣，「Yup！Yup!」地喊節拍，
她再跟上來。竟然，在跌跌碰碰之後，意外
地同步。

Sophie 成為了我第一個冒險搭檔。我感覺
到互相之間的信任。

上：初級滑雪姬。
下：即使是山峰，山頂滑雪場也有結冰停止營運的時候。

STAGE 01
The Beginner

冒險者入門

打造生存者的必需品

右頁上：每次我在切割的時候，Jouni Kuukasjarvi 都會特別留心在旁邊監督。（Sophie 攝影）
右頁下：親手完成的 Puukko 刀，陪伴我開展冒險旅程。

在北境之國，我親手製造了人生中第一件寶物。跟隨芬蘭刀匠 Jouni Kuukasjarvi，學習打造傳統的北極生存工具——Puukko 刀。Jouni Kuukasjarvi 是當地著名的製刀匠。一身職人打扮，姿態謙虛。據說，每把由他親手製作的 Puukko 刀價格不菲，屬於收藏等級。從遠古牧羊的時代開始，Puukko 刀就是芬蘭人隨身攜帶的一種日常勞作工具，成了薩米族源遠流長的傳統。在戶外，幾乎人手一把掛在腰間。隨處的旅遊商店都有售，價錢從幾歐元到上千歐元都有，視乎材料和製刀鐵匠而定。芬蘭人至今仍推崇手工製作，並為擁有好的 Puukko 刀而驕傲，視作為寶物珍惜收藏，也會傳給後輩。由著名鐵匠打造的 Puukko 刀往往會當作藝術品陳列展示，可見在芬蘭 Puukko 刀除了是必需的生活品外，也是收藏愛好品和對民族根源性的追求。

Puukko 刀的製作是分別在Jouni Kuukasjarvi 的煉爐屋與工作室內完成，歷時一週。極夜的好處就是會讓人忘記時間，天色總是黑的。我們卸除戶外打扮，換上藍色的工人服，戴上護眼的透明眼鏡，搖身一變成為製刀的初級學徒，每日流連於工作坊內沉迷製作。煉爐屋隱藏在森林裡的一間傳統舊物博物館內。

煉鐵時，火星四濺，雖然我看起來是最柔弱的少女，但鐵打得快狠準。而工作室則位於典型的北歐生活小區裡的私人住宅，只有受到邀請才能參觀。由車庫經過隔音改造，四周擺放各種的工具和打磨的機器，中間是一張大工作台，上面擺放著些鹿角和鐵器，看似雜亂，其實堆放得井然有序。製作 Puukko 刀的工序尤其複雜：從煉鐵、磨刀和製作刀柄及刀鞘，每一步驟都十分講究。

刀柄材料一般用樺木或動物角製作。芬蘭人比較喜歡樺木，材質輕薄，紋理也好看。我們隊員都選擇了芬蘭特有的馴鹿角，覺得特別。

使用切割機是個既危險又刺激的心跳體驗。Jouni Kuukasjarvi 再三叮囑我們要小心手指頭！把馴鹿角橫著切割，能清晰看到其微細的血管組織。打磨過的馴鹿角，乳白色的骨頭上會露出一些自然紋路，並散發出陣陣難聞的騷味，接近羊騷。打磨時即使粉末很快被吸塵裝置吸走，但氣味還是滲入了我的皮膚和頭髮，久久不散。整整一週，我覺得自己是個散發馴鹿味的人類。

對於手工製作，我比較巧幹。Jouni Kuukasjarvi 亦因此願意讓我協助其他手工藝不靈巧的隊員完成任務。透過這次製刀過程，我能感覺到隊員之間的關係有所拉近。在旅途的第一階段裡，我似乎扮演著製作工具的魔法師角色，協助各位完成武器，讓團隊擁有進階的裝備。實際上，五個人的技能各有長短，總得有人願意墊作後盾，在適合的時候發揮專長，才可以體驗個人在團隊的價值和位置。一下子就鋒芒畢露，其實反而更難融合群體。我認為齊心合力地通關，比個人榮耀更為重要；而共同創作，也是隊員之間重要的磨合過程。遺憾地我後來才發現，並不是每個人都這樣想。

從 Jouni Kuukasjarvi 身上，我初次體會到芬蘭人做事嚴謹的性格。他對鐵鑄造刀，充滿著熱情和追求，固執到極致，不容許瑕疵，連所有打造鐵器的工具，也是自己親手製作。他說，「在我監督的作品裡，每一個細節都應該是完美的！」例如，我與 Sophie 都沒注意到我們把刀鞘上皮扣的撞釘孔打歪了。Jouni Kuukasjarvi 直接把它奪過來割掉，要求我們重新再做一個！當時對他的嚴格很不習慣，換個角度去想，自己在手繪時同樣嚴謹，就能明白 Jouni Kuukasjarvi 為什麼連小細節都盡善盡美，堅持做一個有追求和堅持原則的匠人；因為手工類的藝術創作，作品一旦完成，就無法修改。

工作坊將要結束時，Jouni Kuukasjarvi 為每個人的 Puukko 刀，加上烙印和名字，如珍寶般交託到各人手裡。我把玩了很久，不敢相信這是我自己製造出來的。腦海裡有一個畫面：年邁的我，把刻有我名字的 Puukko 刀，連同這個冒險的故事，傳承給兒孫。突然間我覺得感傷，擔心以後再也見不到那麼固執又可愛的 Jouni Kuukasjarvi 老師了。即使再見，也不知道是什麼時候，於是就運用剛學會的工藝知識，做了一塊木頭牌匾。我用隨身攜帶的水彩顏料，畫了一幅畫給 Jouni Kuukasjarvi 作為紀念。他激動得反應不過來，給了我一個大大的擁抱，並鄭重地邀請我如果再次來到芬蘭，一定要繼續學習製刀，他想正式傳授我製刀的工藝（他的表情告訴我他並不是開玩笑的！）。良師亦友，原來是在告別時才能體會到。

我覺得，每個人都有一種擅長的溝通方式；而創作，是我最直接的「表達」和溝通的橋樑。它比語言更強大、更具魅力和掌握，把我對陌生環境的不安、時差、和交流的障礙，以及對新技能的不熟練等等複雜顧慮，都統統消除。

希望在未來藝術的路上，我能成為一名匠人，親手創造更多作品。專注在自己擅長的領域上，是件幸福的事。無論在哪裡，都能找到自己的位置和平衡。

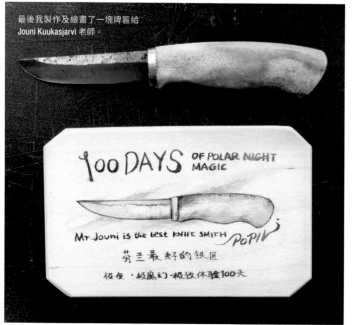

最後我製作及繪畫了一塊牌匾給
Jouni Kuukasjarvi 老師。

100 DAYS OF POLAR NIGHT MAGIC

Mr. Jouni is the best KNIFE SMITH POPIV

芬兰最好的铁匠

极夜·极魔幻·极致体验100天

1	2	3
4	5	6
7	8	9

1 刀柄在還沒有打磨之前，可以清晰看
　到樺木和鹿骨的紋理。
2 未經處理的鹿角。
3 Jouni Kuukasjarvi 的工作室。
4 打磨時，盡量保持手與砂皮的距離。
5 K 在學習調整刀身的方式。
6 Jouni Kuukasjarvi 要求嚴謹，親自檢
　查我們的每個步驟。
7 牛皮在濕潤後，需要強行手動夾著定型。
8 一針一線，縫製刀套。
9 最後完成、打磨、刻上自己的名字。

STAGE 01
The Beginner

冒險者入門

狩獵「火狐」與
創作的力量

在幻覺可伸手摘星的晚上，借來了一部5D，出發狩獵「火狐」。

攝影老師 Jouni（與製刀老師同名）根據天文網站預測，追著綠光的走向載著我們驅車前進。「火狐」的出現，整個過程不過幾分鐘的時間。守候在車後排的我們，氣氛尤其緊張。連日來，起早貪黑地滑雪練習、Puukko 刀工作坊的勞作，奔波讓時差無法緩解，身體覺得很沉重。我開始對極夜產生莫名其妙的焦慮，懷念陽光。據說，在芬蘭冬季病發憂鬱症的人特別多，因此我強迫自己養成了習慣，早晚都喝一杯雜莓味道的維他命。甜甜地，提高抵抗力，消去心理上的不安。

但並不是每晚都有運氣逮到北極光。第一次覺得自己走不下去了，是跟隨攝影老師 Jouni，橫跨過懸立冰川上的鐵吊橋，橋下水流依然洶湧，搖搖欲墜。擔心一個人迷失在漆黑裡，跟不上團隊，只能憑硬勁一鼓作氣地走過去。第二次，是在攀登伊納里（Inari）自然保護區的最高峰，微雪落下，溫度急降至負三十度。在低溫下攀爬，空氣也稀薄，令體力快速消耗。初次穿雪鞋，拐著雪杖寸步蹣跚。在頭燈照亮下能看到的附近範圍，發現鳥和狼的腳印，增添了幾分刺激。走在前面的 Jouni 老師全然不覺只有我和 Sophie 跟上，其餘的男生體力不支，行動緩慢，隊伍分成了兩截。

到達山頂，依稀看到鄰國俄羅斯與瑞典燈火燎原的邊界。雲層壓得深的，相機鏡頭和相機架都開始結霜了，按快門的手，凍得沒有知覺了，僅僅只能拍到微弱綠色的北極光雲。我直言抱怨覺得 Jouni 老師並沒有顧及團隊安全，在團隊還未能適應寒冷和掌握

右頁上：遠處的白日還沒有完全消失。同時，北極光已經出現，帶著點點星辰，形成了奇特的畫面。
右頁下：在戶外的帳篷裡生火，依然只能勉強維持溫度。

戶外生存技能的客觀條件下，安排了過於緊湊的戶外項目而有點不愉快。團隊的攝影師 Mikko 倒幫我冷靜下來，提醒了我即使在半路上討論，也是於事無補、毫無意義的。誰也無法預測大自然！

終於在冰川湖，迎接「火狐」的到來。湖面沒有完全結冰，但積雪高至膝蓋，腳踩下去感覺不真實，像在太空漫遊。我們踏出了一個個小水坑，擔心冰湖面會隨時裂開。Jouni 老師的英文不好，溝通有障礙。而領隊 Pasi 又不在身邊，幽靜而漆黑的周圍，皎白的月光映照在雪地上，頂著頭燈的光，照亮著漆黑的前方充滿了未知。心裡疑惑，怎樣才算是一名合格的極光狩獵者呢？

抬頭看漫天星河，繁星遼遠而深邃，星盤猶如剖白的情書，從未感受如此清晰。架好三腳架和相機，關掉頭燈，讓視覺適應黑暗。漸漸，極光凝聚，在天空形成微弱的綠色裂痕。無法看取景框的情況下，憑肉眼預測走向。把預先設置好的相機對準拍攝，延遲曝光大概十秒的過程，只能強忍著寒冷，憑著感覺和經驗一幀幀地捕捉。眼睜睜地看著「火狐」劃過頭頂，卻什麼也做不了。常常預感錯誤，曝光過度，回頭想重拍，「火狐」早已消失蹤影，又得再等下一次機會的到來。拍攝「火狐」其實是一門憑感覺的技術活。

為便於按下快門，乾脆脫下手套，由於太過投入，常常忘記手指暴露在外，冷得刺痛。Yuichi 就是在沒有注意的情況下，鼻子太貼近相機，結果鼻子的皮膚被金屬一下子黏住而凍傷了，好幾日都得貼著藥帖。

我們猶如五隻近視又遲鈍的企鵝，跌跌撞撞，摸黑拍攝。每張看起來神奇的「火狐」照片，其實都是抵著寒冷，憑著堅毅信念和感知預測所拍攝的。完全沒有如想像中，奔跑起來呼嘯又狂野的狩獵感。

三個男隊員都是自由職業攝影師，對拍攝特別認真，攜著自己的長槍短炮出征。拍攝開始，就分頭匿藏在隱祕的位置，各顧各地不想被打擾，暗自展開追獵「火狐」的競技賽。我與 Sophie 則比較無所謂，更重視參與過程。我們倆都從事設計相關職業，奇怪想法多，喜歡戶外運動，音樂的口味和愛好也很接近，漸漸建立起女生之間的默契，互相照應。

在零下的溫度，iPhone 在口袋裡竟然還有電量，於是我就在星空下播放音樂。一首日本音樂人高木正勝的〈Horo〉，如童謠般的喃喃，與大自然的荒蕪環境不能更適合了。Sophie 竟然也喜歡，跟著唱起來。兩個人在不屬於自己的國家裡，各自哼著非自己母語的歌。我感覺到她和我的內心，是如此相近，讓我突然冒起了個想法，用頭燈和 Sophie 進行曝光攝影的即興創作，用光影在空中寫下自己的名字，大自然和 Graffiti 相互結合，形成了奇妙的畫面！

當所有人都在捕捉「火狐」時，我更想留下的，是人與自然之間微妙關係的畫面。比起北極光，我更喜歡觀察周遭事物的狀態。

透過鏡頭，我學習成為觀察者，看清楚團隊的關係和創作的力量。

上：極夜裡圍著取暖的我們。
下：以延遲十秒的曝光，在星光下我用光影寫下了自己的名字。

STAGE 01
The Beginner

冒險者入門

極夜才是
捕魚的好日子

在拉普蘭的冰川湖上宰魚，魚腥沾滿手。饑餓，原來會促使人做出很多意想不到的事，例如殺生。

捕魚獵食，是冒險者的基本生存技能。

捕獲魚類的方式有幾種，如冰上垂釣，是普遍遊人都會參與的體驗，但卻是我嘗試過最沒有效率的方式。在冰川湖上用手鑽使勁鑽出一個小洞，放下魚餌，再模擬動物的反應，偶爾抽動。這玩意得趴坐在冰川湖上，折騰數小時，光是寒冷就讓人沒耐心。當我們空手而回，漁夫已煮好熱莓汁在棚屋等待我們，毫不介意沒有收穫。我察覺到冬日垂釣，其實只是芬蘭人讓自己忙起來的其中一個藉口。

真正的捕魚，是粗暴而野蠻的。經驗豐富的漁夫，早就為冬季的來臨做好準備。當河床還沒有結冰，就把魚網埋藏在湖裡，用僅露出水面的木頭做標記，因此不容易被人發現。漁夫認為，極夜時節才是捕魚的好日

上：魚皮上長滿刺，我需要一雙膠手套才可以直接拿起冰川湖裡的魚。（Sophie 攝影）

下：捕魚的冰川湖。

子，魚會因為寒冷缺乏警惕。每週兩次，帶著最忠實的搭檔——獵犬——在白雪茫茫的冰川裡，開著雪地摩托，尋找預先埋伏的捕魚點去進行收網。

捕魚時，用冰刺扎出 A4 尺寸大小的冰洞，放線的同時，開始收網。捕上來的魚，一旦露出水面，就無法放回水裡，牠們很快會因為水面的低溫而失去知覺，身上的水也會馬上結冰，不再掙扎。漁夫徒手抓著魚頭，麻利地掏出 Puukko 刀刮開魚肚，清理內臟，隨手把魚頭一砍，再餵給獵犬。整個過程，不過幾分鐘。魚血像淋在沙冰上的草莓汁，在雪地上漸漸渾濁。

收網的魚一共有二十多條，有大大小小不同的品種。我與 Sophie 也加入幫忙，為了晚餐，也顧不了血腥了。我雖然喜歡烹飪，但對割魚真的束手無策。我按照漁夫的示範，用 Puukko 刀順方向在魚肚上用力一刮，被湧出來亂七八糟的內臟嚇得有點措手不及，硬著頭皮把內臟刮乾淨。回頭看獵犬早已佇立在旁邊，搖著尾巴等待餵食。漁夫說，獵犬只喜歡新鮮割的魚頭。

我們就地取材，在冰川湖旁的森林裡堆起柴火，加粗鹽直接烤魚。我們也會留起一部分，加入橄欖油和粗鹽等，醃漬成魚肉醬，塗麵包吃。我嫌太腥了，一口都沒嘗。我覺得芬蘭人在烹魚時總是不太講究，在我腦海裡有百樣中式的煮法，想讓大家嘗試。但是，哪裡找醬油呢？我發現，越醜的魚越好吃，用來熬湯或者煙燻都很惹味。

當晚，我們收到一個驚喜。我們被邀請在世界最北邊的一家小電影院看 2016《星際大戰：原力覺醒》的首映。按時差來說，我們是全世界最早看到這部電影的第一批人。從捕魚的地方出發，驅車不過半小時。

捕完魚後，生起火堆，用炭火乾燒魚。

在這個充滿奇幻可能性的北境之國，我們每
日過著原始又時髦的生活，感覺沒有什麼是
不可能的。生活其實可以選擇，既不遠離大
自然，不脫離現代生活，但也可以和自然取
得平衡與科技並存。那是需要龐大的體系去
維持的。

為什麼在我的國家卻沒有選擇，亦無選擇的
權利呢？

上：K 在使勁於冰川湖上鑽洞。
中、下：在冰川湖上，捕魚才是正經事。　（Yuichi 攝影）

STAGE 01
The Beginner

冒險者入門

**不要溫和地
走進良夜**

從來沒想到，要在雪森林裡學習失聯。無WiFi、電力、通訊及自來水……在拉普蘭穆奧尼奧（Muonio）小鎮的 middle of nowhere，靜謐地隱居在自然保護區裡的小木屋，彼此都擔心時間會過得漫長。

沒有了社交網路，反而多了時間去感受周遭變化。白日，趁著短暫的日光在森林裡探索，收集柴枝、捕魚狩獵；晚上準備食物、練習瑜伽，閱讀一下彼此的人生，早起早睡，在暖袋的溫床。我以為，那就是隱居在森林這所巨大的靜謐修練場的全部模樣。

但負責接待的情侶檔 Prya 和 Jouni，粗魯地打破了我對靜謐的印象，教了我們芬蘭人在極夜的各種野路子玩法。

他們是我見過最瀟灑的一對芬蘭情侶，也是後來我最交心的一對摯友（在芬蘭人名中 Jouni 是很常見的，這已經是我們遇見過的第三個 Jouni 了）。

一直以來，我們對極夜有著極為模糊的概念，憂鬱並掙扎著迎接它的到來。匆忙趕路，追獵北極光，總是心驚膽戰，害怕未知的危險，而從未真正地放下雜念去感受，但其實極夜並非如想像般只有一片漆黑。Prya 教我們，要感受極夜得在森林裡雙手擁抱大樹，閉上眼感受大自然的精靈，然後喝一口加了威士忌的熱咖啡，讓身體放鬆暖和起來。不要與自然抗衡，也不要溫和地走進那個良夜，而是成為大自然的一分子融入其中，慢慢適應黑暗的來臨。與其擔心極夜對自己的心理產生什麼不良影響，倒不如主動一點，在極夜找些什麼事情來做！

左頁：Otso，冒險隊攝影師。
右上：Jouni 在尋找雪地裡的乾樹枝準備生火。
左上：Prya 在教我們學會與森林裡的精靈溝通。
下：我們圍坐在雪地上生火烤食，享受大自然的樂趣。

STAGE 01
The Beginner

冒險者入門

森林裡的米其林晚餐

靜謐隱居的小木屋，隱藏在穆奧尼奧巴拉斯山（Pallastunturi）附近的冰川湖邊。由結實的粗木搭建，分成上下兩層，是芬蘭典型的別墅型小木屋。

客廳裡置有燒柴的火爐，燻黑的牆上掛滿了動物標本。客廳中間放了一張大的長方形桌子和兩排椅子。桌子上有馴鹿角做成的燭台，屋內主要的光源就是靠點燃蠟燭。洗手間、桑拿房和烹飪的棚屋都在戶外別處。至今仍然覺得，在這所木屋裡發生的一切，成為整個旅途裡最溫暖的回憶。

芬蘭除了比較好的餐廳之外，部分地區食物短缺，沿路來食物選擇其實並不多元。戶外野營時，通常會吃烤香腸、莓醬伴馬鈴薯泥、罐頭食物等。偶爾也會加上袋裝的速食食品，就是加入熱水後煮的各種 Powder 湯粉，味道單調而沒營養。

Jouni 是隱藏在森林的「米其林」廚師，熱中於柴火烹飪。Jouni 留了落腮鬍，外表看起來是粗獷十足的戶外型芬蘭男人，實際上對生活卻有著一定的品味與追求。他研究了一套自己的柴火食譜，都是不可思議的野蠻煮食技法。例如烤挪威鮭魚排，先把魚用木釘釘在木板上，再用柴火慢慢燒。經過

左：雪鎮威士忌。
右頁上：芬蘭的湖水都是可以直接飲用。每日我們都會到冰川湖區取水，滿足日常煮食及桑拿的需要。
右頁下：靜謐隱居的小木屋。

調味後，皮脆肉嫩，配上當地的白葡萄酒，那是從來沒吃過的惹味。

我唯一不敢嘗試的，就是醃製的馴鹿心臟。Jouni 說，只有薩米族才會知道製作祕方，吃的時候隨手一片，直接放到嘴裡扯啃，滿口都是血。其他人嘗過都說很腥，像臘肉和雞胗的味道。

酒在冬日，特別利口，圍著聊天，不知不覺灌了很多。隊員之間的話題漸漸打開了，才發現人與人之間的相處，其實一點也不容易。往往在理所當然的事情上，發現了自己與團隊之間想法的差異。

觀察到男生普遍懶於收拾公共空間，慣於無時無刻依賴社交網路，不注重實質人際交流。在隱居的時間，都顯得心不在焉，無法完全融入享受。特別是來自德國的冒險者 Matthias，喜歡飯後酗酒，對野營充滿著遐想，期待著男女會混房；以為桑拿的時候彼此都應該裸體，才算坦誠相見。笑起來猥瑣，顯露出欲望……

我尊重國際文化，但德式的男權主義太明顯了，作為女性聽到他的言論都覺得愕然。Sophie 忍不住和他較真，我覺得沒什麼好計較的，盡量避免正面碰撞。雖然能理解人有欲望的需求很正常，但忽略了隊友的感受，藐視了女性，那麼容易就把平時的劣性和欲望，一下子暴露在陌生人面前，根本是缺乏成為冒險者的自覺。學習維持團隊平衡，其實也是冒險者的必修課。

原來要看穿一個人，只需要一杯威士忌。一百日的冒險還很漫長，倒不如等酒醒了再說。

趁著月霞說晚安。沉睡在北境之國，用睡袋包裹著自己，'sleep like a baby'像個新生的嬰兒躺在暖暖的床，遺忘自己到底在世界哪個角落。

左圖：最讓我懷念的美好時光。
（Yuichi 攝影）
右頁上：把三文魚釘在木頭上燒烤。
右頁下：Jouni 正在切開的是醃製
的馴鹿心臟。

STAGE 01
The Beginner

冒險者入門

冰火洗禮
We are snow angels!

Jump to the ice hole!──跳入冰洞，是得到芬蘭人認可的第一步！簡單來形容就是冰火二重天，極熱和極冷的感官體驗。也是在蒸完傳統芬蘭桑拿後才可以玩的，考驗膽量的壓軸遊戲。

Prya 說，Come on！Let's do it! 就開始往蒸汽爐上連潑幾勺水！吥吥⋯⋯燒灼的石頭產生的蒸汽，煙燻彌漫了整個桑拿屋。溫度猛然飆升高達九十度，直至我和 Sophie 冒著雨滴大汗，燻熱的眼睛都睜不開，光著腳衝出去。踩在雪地上，腳僵冷得刺疼，用跑的速度直奔向冰洞！所謂「跳」其實是不正確的，挑戰冰湖的最佳方式，應該是緩慢地進入讓身體逐漸適應。冰洞口放了一條木梯子，雖然結了冰，但完全可以讓你背對靠著，再慢慢爬下水裡。戶外的溫度其實比厚冰層下的冰川湖水更冷，水底只有攝氏零下一至二度，也完全不覺得冰冷。

我是頭一個挑戰冰洞的人。從桑拿跑到冰洞，才發現冰洞面結了冰。一鼓作氣衝了出來，總不能掉頭回去，於是急得用腳一踩，破冰了一個小坑，再用手砸開冰層，掰開剛好足夠容納身軀大小的冰洞爬下去。只覺得全身一陣酥麻，毛孔猶如花苞般朵朵張開⋯⋯觸電的感覺直達心臟，人完全放鬆，同時又覺得好像有什麼力量源源不絕地要輸入進來。其實只要跳過一次，神奇的皮膚就會馬上適應，對提高身體抵抗嚴寒的承受能力非常有幫助。

身體開始抵受不了嚴寒，待在水裡兩秒就開始哆嗦，假裝鎮定的驕傲少女，奔回去的姿態猶如末路狂花。

STAGE 02
Mastering

駕馭雪國的鐵獸

消失了的道路
Fat Bike 亂闖

整個旅途最讓我感到遺憾的，應該是 Fat bike 挑戰。眼看著隊員在前面一個個地倒下去，連我自己也陷入了雪坑裡。在厚雪挑戰 Fat bike，本身就是個錯誤的決定。連經驗豐富的領隊 Pasi 都連說了幾次：「So stupid！」想像中，穿插在森林的破風騎士形象，一次都沒出現過。為了靈活和便於排汗，Pasi 建議我們只穿一件內衣、一件抓絨和一件衝鋒衣，但怎麼湊合，這些都是不足對抗零下二十度的裝備。

Fat bike 雪地單車，有一對肥大的輪胎，和比山地車更為結實的支架。很多人以為 Fat bike 是雪地代步的鐵馬，但其實在荒野 Fat bike 更像一隻「鐵豬」，常常賴在原地不走，舉步難移。Fat bike 就像登山車，是用來騎行崎嶇的山路，不是用來爬山的；而雪地單車，只適合騎行在平而光滑的雪道，而不是陷入暴雪過後的冰川。

早就覺悟即使再艱巨的探險旅程，拍攝任務是不會因為惡劣的天氣而停止，我們的探險任務，就是要發掘不一樣的芬蘭，並真實地呈現給大家看！但連日來的暴雪，使道路覆蓋著比膝蓋還高的厚雪。原計畫騎行的雪道消失了。我們就知道，接下來冒險隊將要拖著這頭鐵豬，闖入冰川自然保護區，荒謬至極地挑戰極限。

第一日，6K 的路程設在 Pasi 位於拉普蘭西北部海塔（Hetta）的哈士奇牧場附近。我們經過狗棚，經過雪地摩托車道和一座木橋，路面雖然不是最佳的平滑雪道，但至少還能騎行一段距離未至於完全失控，是初學 Fat bike 的最佳訓練場。穿梭在牧場，我們認為是相對容易的。

第二日，從海塔順著冰川湖出發，往營地方向騎行。風韌像刀刮，身體自然往內縮，把圍脖扯到鼻子以上，未被覆蓋的皮膚隱約感到刺疼。在消失了的道路上由 Pasi 帶隊，全憑指南針指引方向，Sophie 和我跟在後面，緊貼的是三位男冒險成員。才開始不久，隊形就東歪西倒，像在比賽誰先被困在雪坑裡。偶然得意騎了幾米，又連人帶車撲倒在凹凸不平的雪地上，爬起來一點也不容易，只能半推半騎地向前行。

一直到手套開始結冰霜，車把再也無法握緊，路程才熬過了三分之一。極夜已經迫不及待帶著黑暗來襲，我察覺到自己和其他隊員的距離越來越遠，遠遠落後，和其他隊員失散了。暴雪層雲追壓著月亮，月光還是頭一次被完全覆蓋，伸手不見五指。轉眼間，

上：Sophie 自信滿滿的，她最喜歡騎行了。
下：結霜的手套。

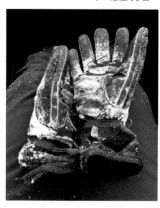

前後不知那個方向撲湧來的雪塵，兇猛如雪獸，瞬間可以把我吞沒，連同 Fat bike 一起消滅。對一切應變不及的我，並無任何求生裝備和準備，如同失散的孩子。疑惑自己到底是困在黑色的海洋，還是正在穿越無邊的黑洞。「苦」和「艱辛」也不足以形容當時全部的感覺，應該是「磨難」，覺得自己下一秒隨時會冷死掉或失蹤。我開始祈禱，「上帝，請保佑我，向前騎行，就是目的地！」

突然，前方冒出一束探索的亮燈，聽到 Pasi 的聲音喊：「Guys, headlamp！Open your headlamp!」原來 Pasi 從未走遠，只是雪塵把我們重重隔開了，提醒了我趕緊打開頭燈。當頭燈一盞盞亮起，幾位隊員終於再次認清了位置，找到彼此，繼續上路。光源原來是一種希望，可以用來救命，也可以是一個團結的信號。

突然意識到，我不可能一直依賴 Pasi，以為跟隨著領隊性命便無虞，但其實總有一

日，需要獨立面對真正的荒野生存──甚至要肩負照顧團隊的責任。在大自然面前，所有的科技都蒼白，需要切切實實的求生知識和本領；而我面臨的僅僅是一個真實冒險的開始。這一天我們在暴雪裡，騎行了十小時才到達營地，超過預計時間六小時以上……

第三日，因為極夜和雪塵影響了 Fat bike 的拍攝，Pasi 和攝影師決定再增加一次騎行來補拍素材。他們選了營地附近的山頂滑雪場，計畫讓我們踩著 Fat bike 沿著滑雪雪軌滑下去，應該能捕捉到衝刺的畫面。但 Fat bike 在下坡時是完全沒法煞車的！而且，這是一個日久失修的滑雪場，只有疙瘩不平的雪坑，哪裡有所謂的雪軌呢？曾是女騎士的 Sophie，不在乎跌撞，大無畏地帶頭往前衝：「Let's GO！」結果，才騎了幾米她就完全四腳朝天，墮入雪的懷抱了，大喊：「Help!」連同跟在後面的我，一直從山頂跌到山底。反覆好幾次，雪坑把人深深地吃進去，需要攝影師 Mikko 拉我一把才能爬起來。臉擦破了，感覺自己又吃了一口雪，留著鼻涕哭著笑。我覺得自己正在體驗一次可以盡情跌倒的機會！

雖然我無法理解，Fat bike 那麼蠢的戶外運動，為什麼還要拍攝呢？但可能，體驗失敗和堅持，也是冒險者需要學會承受的二三事吧。最後，所有人都從山頂「滾」下來，完成了 Fat bike 的最後挑戰和拍攝。但只有韓國 K 選擇了半途而廢。印象中，無論做任何事情都像喜劇演員般懂得隨時調節氣氛的 K，竟然一改常態，在鏡頭面前擺出一副「我已經很努力嘗試了，但是因為很艱巨，很遺憾」的表情。他意外地消沉，同時自嘲運動技術不如他人，甚至附加些戲分，故意把情緒放大，情願推著 Fat bike 走下來，也不努力嘗試騎行。卻在最後拍攝的個人訪問，又換上另外一張自信的笑嘻嘻的面孔，這到底是戲如人生，還是人生如戲？

一週後，看到 Fat bike 的視頻在 YouTube 上發布。不出所料，真的收錄了 K 表現消極的片段。我與 Sophie、Yuichi 及 Matthias 都覺得特別難過。雖然 Fat bike 的挑戰確實是覺得愚蠢和真的失敗了，但至少每個人都很堅持，努力地完成了這段旅程。為此，團隊之間產生爭議，到底在鏡頭面前，我們是需要扮演一個勇敢的冒險者角色，還是呈現真實情緒的自己？

始終希望影像上傳達的是積極和正面的訊息，而不是抱怨和消極，這不是我想分享的芬蘭啊！

團隊的矛盾，原來是從 Fat bike 開始……

圖片來源：Polar Night Magic 冒險視頻截圖，Visit Finland & Finnair 提供。

STAGE 02
Mastering

駕馭雪國的鐵獸

無涯之頂
駕駛重型雪地摩托

在 2015 年最後一日，冒險隊以特別的方式慶祝迎接新年倒數，從穆奧尼昂塔（Muoniontie）出發，駕駛雪地摩托車（Snowmobile），展開一場雪地公路之旅。

芬蘭有專門給雪地摩托通行的雪道公路，路線一般設在冰川湖和山路，很少和馬路重疊。除了馴鹿以外，雪地摩托車是最主要的行駛和運輸工具，家家戶戶至少有一部以上，價格有時比汽車還要昂貴。駕駛雪地摩托車其實不難，如果你懂得開摩托，就可以駕馭它，至少直向行駛是絕對沒問題的，而遊客的體驗路線，也通常設定在一條直路。

而，冒險者的路是獻給亡命之徒。

經過教練簡單的訓練後，冒險隊直接進階挑戰 100K 賽級路線，橫跨附近兩個城市的路程，途經森林和懸崖……沿路崎嶇，拐彎和上下坡都得把身體作為借力。簡單點來形容，就像牛仔騎士的姿勢，操縱一台鐵獸。稍不留心就會橫衝直撞，所以每個人在還沒有啟動雪地摩托前，都會先在身上扣一個連接著熄火開關的安全扣，預防一旦失控也不至於連人帶車飛出去。

在冰川捕魚的時候，雖然已經體驗過雪地摩托車，但心裡一直在意在出租雪地摩托的公司的洗手間裡，貼著介紹一輛 272 公斤重量級雪地摩托的海報，整整是我體重的五倍！也就是有五倍的可能把我壓扁。我開始疑惑芬蘭人從小就是戶外生存能手，理所當然覺得我們每個挑戰都可以接受，卻忘記了我們只是五個從城市來的普通人。

連日來的暴雪，使道路凹凸不平，形成了高低起伏的雪坡。Sophie 乾脆保持站立的姿

上：我跟著 Sophie，一直駕駛上無涯之頂。
下：準備雪地摩托長征的冒險隊。

勢，加速「Jump」，把它們統統跨過。我跟在後面遠遠被拋離，明明已加速到極限，但我依然不敢放膽 Jump，害怕整個人要拋離出去，連手柄都捉不穩的感覺！

頂著害怕翻車，隊友都在趕路無暇顧及的壓力時，卻接二連三地發生了讓我和 Sophie 都很反感的事。好幾次都因為 Matthias 的好勝心，促使他忽略了隊列，越過及穿插於隊友之間。這種行為是很危險的，特別是在崎嶇的山路，如果車輛發生碰撞，到底是人先飛出懸崖，還是車飛出懸崖呢？如果為了遷就 Matthias 的穿插而減速，又可能會讓跟在後面的車輛措手不及。

結果，最先翻車的是 Yuichi。Matthias 突然加速，Yuichi 反應不及，急煞後撞樹翻車被壓，當時我就在 Yuichi 後面目睹了這個過程。前方隊伍已經全部登峰完畢，只有我和 Yuichi 滯留在後。Yuichi 說，「Go, Popil, go！」我猶豫了片刻，判斷如果不追上隊伍找人來幫忙，很可能沒人會注意到 Yuichi 發生了狀況，我們兩個也會在半山脫隊。於是我咬緊牙關，開盡最大馬力衝上山峰，喊：「Help！Help！」幸好，一上到山峰不久就逮到前方隊伍的教練，回頭營救 Yuichi，而 Yuichi 亦並無大礙，合力把車扶起來後，就繼續趕路了。

如果計較起來，當時 Matthias 插隊的並不是 Yuichi 而是我，被雪地摩托車壓倒的很可能就是我，那我會不會被人注意到而來營救呢？很努力地去回想，到底這 100K 的雪公路我看到了些什麼？實際上我錯過了很多。從踏上了征途，在一望無際的冰川湖遇上雪塵，辨別不清遠近；穿越灰白一片的雪森林，每道風景都似曾相識。我戴著雪

鏡，視力範圍卻有限，只能專注趕路，前方隊列的車尾燈的光源是方向指引，也是追逐的目標。我開始覺得周遭越來越不真實。幻覺極夜帶著漆黑在背後準備隨時吞沒我，我只是在逃命，不是在趕路。

當抵達目的地——無涯之頂，其實就是一個被雪封蓋的山頂。懸崖周圍白白一片，什麼都沒有；沒有任何風景，只有紛飛的雪塵包圍著我們。完成了 100K 的雪地公路，沒有了不起的感覺，反而欣慰自己並沒有在惡劣環境中丟下同伴不顧。

上：無涯之頂的山路。
下：隨時應急的雪地摩托維修站。

當天晚上，我們在飯店樓下慶祝新年，五個人一起倒數，喝著香檳，點燃煙火。表面上看似一切和睦，但是明顯感覺到團隊之間關係的變化漸漸加速，笑容和眼神都複雜了許多。不禁質問自己，到底這段旅途的意義是什麼？是體驗到困難，還是目睹同伴的自私？還是學習承受在冒險過程中，任何無法預測的因子所帶來的後果？

我對著新年的第一道極光許了個願望，我希望每一個人都能平安回到家。

STAGE 02
Mastering

駕馭雪國的鐵獸

亡命車徒的拉力賽

上：Keio（左）和 Seppo（右）教練。
下：探險隊拉力比賽的證書。右頁上：在車內拍下外面的風景，我開始享受駕駛的樂趣。右頁下：我正在準備出發。（Sophie 攝影）

我只有三天，從零基礎，在利維拉力中心（Levi Rally Center）學習開手排雪地拉力車（Rally car），普級了才可以參加雪地拉力賽。我是冒險隊裡唯一沒駕駛經驗的人，因此分成兩組，其餘的隊員在另一邊的賽車道，練習拉力車雪地飄移。

Jani 是我人生第一個賽車教練，有著乾淨笑容的芬蘭男人，是利維當地很有名的花式職業賽車手。後來才知道，他在 YouTube 上有一條點擊率很高的影片，表演拉力車圍繞在少女飄逸的裙邊自轉。Jani 指導的方式特別，不嚴厲，且讓我自由發揮。他會不斷開玩笑，讓我不要把全部的注意力都集中在困惱如何操控上，而忘記觀察四周。他教我開車的時候不要多想，因為雪地是唯一一個可以安全地、盡情地碰撞的地方。

操控手排拉力車的祕訣在於冷靜判斷，一檔和二檔之間的切換，按著步驟動作保持連貫，這樣持續開下去是完全沒問題。但我手腳不協調，換檔時忘記了放開煞車，以為車沒動力，又加勁踩油門，結果車在雪道上 360 度原地打滑。Jani 馬上讓我放開油門，奪控方向盤，才使車慢慢平穩下來。明明像是特技演出般，我還一點都不害怕，咯咯咯笑，覺得很刺激。可能是因為心理壓力沒了，很快地就調適過來，漸漸駕駛自如。結果我在第一日的下午就已經完全學會了開車，可以進階練習飄移的賽道。

飄移的賽道表面看起來特別光滑，因為故意在雪道上灑了水，讓飄移時弧線會更大，行駛時更需要特別留心。首先把馬力開到最大，然後在預定的範圍裡拐彎時猛然煞車，運用車的餘力飄移，然後再重新操控方向盤，在不撞到路障的情況下，把車拐回主車

道就算完成。我覺得飄移其實就是讓自己全身放鬆和車融合一體的感覺，既然不熟悉操控，就不要抱著複雜的念頭，隨著感覺開，總能飄移起來。

結果兩天的練習下來，飄移的成功機率大於失敗，勉強算及格，我可以晉升普級比賽。所有人都很驚訝我是怎麼做到的，一切歸功於陪我練習賽道的 Jani、Keio 和 Seppo 教練，總是特別照顧個子小的我。每次輪到我駕駛，都細心為我重新調整座椅，多放墊枕在座椅上，讓我的腳夠長能踩到油門。每次練習，教練總對我說，「Small lady is more powerful」，給我無限鼓勵的力量。

最後一天是雪地拉力車比賽，挑戰三條特色賽道，以總體時間計算排名，五個人輪著比賽。Sophie 悄悄跟我說，「無論如何，都想贏 Matthias」。本來五個人的友誼賽，其實更像是 Sophie 與 Matthias 之間的比賽。「I will beat you !」兩人好勝的個性在挑戰裡表露無遺，神色和言語之間充滿了挑釁，互相暗自比起了速度。其實兩人的車速成績在隊伍裡一直遙遙領先。

我排在最後，有機會看到每個人的發揮。發現四位隊員幾乎在每個拐彎處都在飄移，揚起了一路的雪塵，氣氛緊張又刺激，我真心覺得他們每一位都很厲害。同時，我也留意到 K 收起了笑臉，賽場上表現得特別嚴肅，估計是想留到最後才一展實力。果然，比賽一開始，K 就猛然加速急起直追，卻在其中一個拐彎撞上了外圍，整部車都陷入雪坑裡，只能等待救援，白白浪費了時間。

大家都明顯有點幸災樂禍，知道有 K 墊底，

就開始鬆了一口氣。就連 Jani 為我檢查安全扣的時候都對我說，「你只要發揮練習時的水準就可以了」。但其實我認為輸贏沒有太大關係，何況我從不會開車到參加雪地拉力比賽，早就超出了能力範圍，贏了自己。最後我平穩發揮，比平時練習的速度還要快些。

出乎意料的是，Yuichi 才是最終大贏

賽道上飄移的瞬間

家，取得了第一。原來就在 Sophie 與 Matthias 互相攀比的時候，Yuichi 悄悄超越了所有人，出色地完成了比賽。Sophie 排第二，與 Yuichi 僅僅半秒之差。Matthias 第三，我第四，K 第五。

賽後，獲得了一張 Rally card 的比賽證書，我覺得我的冒險技能又增進了。K 說：「連 Popil 都可以贏我！」雖然臉上掛著笑容，但聽得出他對這個結果很不滿意。我認為沒必要計較，覺得他的想法未免太苛刻。

原來，這真的是一場比賽，而不是友誼的體驗。

STAGE 03
Being Sámi

我是半個薩米人

魔幻白森林

上：冷得連頭髮和睫毛也結了冰。
下：領隊 Pasi。

魔幻的白森林，像剛被風雪的軍隊碾過，掠奪了所有生氣，充滿著荒蕪的異樣美。雪塵撲了我們一副雪姬妝，頭髮和眼睫毛都結冰了。

探險隊計畫進入芬蘭東北部波西奧（Posio）的里西山自然國家公園（Riisitunturi National Park），被北國的白森林包圍，戶外野營度過整整五日，學習荒野生存。這是負重最多的一次長途戶外探險，每個人都需要肩負重量 80L 的背包和行李雪橇。裝備的重量超過個人體重，穿著雪鞋走路，像長了一條長長的尾巴，行動起來諸多不便。裝備包括個人戶外物品、備用電池、指南針、睡袋、求生工具、糧食及戶外煮食用具、飲用熱水等等。我習慣在背包裡多放一本畫冊和一本聖經，雖然不知道什麼時候可以摘下手套，但我覺得畫畫和信仰，是我賴以生存的必需品。

沿途上領隊 Pasi 都是我們的人肉指南針，他是個 Survivor（生存者），曾經在沒有裝備的情況下，橫跨南極四十四天。在他的帶領下，探險隊安全地穿越冰川平原，翻過白色森林，繞過有正在冬眠的棕熊的崎嶇山路。我一直跟在他後面，只有我看到他真實的一面。他為我們開路的時候，會一樣不小心摔倒；面對崎嶇困惑的山路，對著指南針，表情也會迷惘。他和我們一樣，並不是一開始就知道所有事情該怎麼做，透過技能累積和豐富的探索經驗做出準確判斷，才成為今天我心裡的巨人。但並不是每個人都擁有足夠資格和機會，從冒險者變成生存者。至少我很清楚，如果沒有 Pasi 的帶領，單憑團隊現有的經驗，根本不足以在荒野生存，更何況還需要對抗嚴寒。

上：里西山自然國家公園的臨時小木屋。
左下：被雪覆蓋後，看不清楚方向的指示牌。
右下：小木屋的室內。

經過長達三小時的徒步，趕在極夜來臨之前我們到達了國家公園第一段的補給站。這裡有免費提供給戶外者借宿的一間小木屋。幸運的是暫時沒有其他人居住，我們可以借宿一晚，有木頂遮蓋，總比戶外露營暖和。

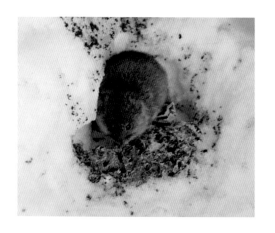

小木屋是一個奇怪的好地方，儘管室外氣溫只有負 30 度，但室內還是能讓我們避寒，裡面有床、公用的瓦斯罐便於煮食、火爐，戶外有洗手間等，具備一切最基本的臨時戶外求生設施。在自然保護區，隨便生火或者砍伐樹木都是不允許的事。體貼的補給站，有可以貯存木頭的地方，但我們得自己鋸成適合的長度，才可以放入火爐生火。Pasi 強調在補給站裡要養成自覺的習慣，使用過的物品要收拾好，用完的柴火也要補給，使用情況也需要登記起來。門不能鎖，永遠記得為下一位趕路的爬山客留有準備。

冒險隊五個人，加上攝影師 Mikko 和領隊 Pasi，攤分了上下左右兩鋪床和地板位置，原本空間已經不大的小木屋，一下子更擁擠了。隨便抓一把雪放到鐵壺裡燒成熱開水，

倒入咖啡粉，滾開了散發一室咖啡香，才稍微覺得手腳暖和起來。找到房屋裡的一本留言本，記錄著曾經滯留在這裡的旅人留言。翻開一頁頁看，都是各種感激交集的對話和實用的信息交流。芬蘭和日本人的留言比較多，更多的是英文。才發現，原來我是第一個留言的中國人。

隨著燭光觀看四周，發現牆上和桌子上面

刻滿了記號和名字。我在上鋪躺下，看到
屋頂刻著一句話：「I was here, with
You」。突然覺得很寂寞，把頭鑽入睡袋裡
漸漸昏睡，我覺得自己是一個獨立的繭，還
在孵化中──不知道會不會在春季的時候
破繭而出，成為美麗的蝴蝶呢？

半夜裡，聽到老鼠在咬背袋的聲音而醒過
來，在餘光下窺視到 Sophie 和攝影師
Mikko 在說話，隱約感覺到空氣裡有些不
可能的感情在升溫。

第二日，雪地迷蹤。為了去看美好的日出景
象，我們步行到里西山自然國家公園的山
丘，體感溫度是負 34 度。這是新年以來第
一道曙光，帶著迷幻色彩的柔弱微光。沿路
上樹被雪壓彎了腰，形狀猶如恐龍，分不清
前後交錯在一起，誤以為闖進了雪地迷宮，
幸得太陽告知方向。怪不得無數來過里西山
自然國家公園的人，都會被折服，讚嘆這是
個超越自然的魔幻白森林。

我跟 Pasi 說我還是覺得冷，他教我兩個辦

左頁：就是這個傢伙咬我的背包！
上、中：貯存木頭的地方，需要自行切割木頭。
下：在里西山自然國家公園的山丘上，迎接第一道曙光。

法，能迅速地讓身體暖和起來。一是把兩手放下來，模仿企鵝的姿勢，像彈簧一樣上下運動。看起來有點像在跳舞，能迅速讓全身血液流通。二是多喝點威士忌。後來我們嘗試了第一種方法，確實有效。用 GoPro 拍了一段模仿企鵝跳舞取暖的視頻，放在 YouTube 上，後來才發現點擊率比我們冒險的視頻還要高。果然在冰天雪地裡，觀眾比較關注的是有趣的事情，也永遠更喜歡看到滑稽的表面，卻沒人知道背後的艱辛。

天氣突變，是常有的事情，總是在悄然之間來襲。當探險隊徒步到最後一個近山頂的補給站時，發現暴風雪把小木屋完全冰封了不能入住，可是折返之前的補給站距離又太遠，只能在附近尋找一個平地，幾個人合力搭起帳篷過夜。大家都擔心下一次的暴風雪

什麼時候到來。哈迪贊助的兩個帳篷，據說能保暖亦能耐風雪，但我在帳篷裡感覺溫度和戶外沒有太大分別，但能擋去一些雪花已經很感激了。睡袋和雪地只隔了一層墊子，而且怎麼樣都擔心帳篷會突然塌下來，因此睡得並不安穩。

半夜乾脆走出帳篷外，一個人在冰川平原上。頭頂的北極光像跳著危險步伐的舞者，天空是整個屏幕，我一個人，彷彿在看一場沒有對白的戲。

我想起了很多關於他的事。過去彼此間的相處，一起的時光，我最親密的愛人。特別是每次覺得自己快要冷死的時候，都會後悔很多事情。後悔有時因為個性使然，經常和最親近的人吵架，比起我現在所經歷的根本不算什麼。為何要為了生活瑣事、小小的摩擦而生氣；為什麼總不能多體貼他一點、忍讓他一點。

我明明曾經擁有一切，現在才回憶過去的美好，想去好好道歉和珍惜，是否太遲？天父，我向你祈禱。請保佑我，安全地回到他身邊。讓我能向他親口一一道歉，告訴他我此刻的想法。

原來，人要到一無所有、在危難的陰溝裡，才會明白信仰的重要。

左頁上：看起來兒戲的帳篷，實際上十分穩固。
左頁下：完全被冰封的小木屋。
上：北極光像跳著危險步伐的舞者。

STAGE 03
Being Sámi

我是半個薩米人

黑屋金鷹

下：我向攝影師 Jari Peltomärki 借來的相機。
右頁上：在小黑屋裡，隊員全神貫注在取景器，觀察著金鷹的一舉一動。
右頁下：拍攝金鷹的小黑屋隱藏在森林裡，與大自然融合在一起。

在芬蘭中部的小鎮烏塔耶爾維（Utajärvi），我們跟隨芬蘭專業野生動物攝影師 Jari Peltomärki 先生，在鐵皮小黑屋裡留守四日，伸不直腰，安安靜靜地做一個躲在黑暗的觀察者，學習捕捉拍攝猛禽金雕（Golden Eagle，或稱金鷹）。

透過一格格的方形窺視窗，可以清楚地看到外面正在發生的一舉一動。冒險隊連同攝影師 Mikko 一共八個人，擠進了原本只可以容納六個人的一間黑屋。原來已經狹小的空間，顯得更擁擠，肩挨著肩，隊員的距離從未如此「親密」。我和 Sophie 向 Jari Peltomärki 借來一部 Nikon 的長炮單反，是個惹人羨慕配置專業級的鏡頭。其他男隊員，本身都是自由攝影師，則使用各自的攝影裝備。

黑屋的六個窗戶，都設有僅僅可以露出鏡頭的抽索袋，包裹伸出來的長鏡頭，有隱藏和持溫作用，不至於把鏡頭玻璃凍結。Jari Peltomärki 說，「你要當自己不存在，盡量匿藏和自然融為一體。鏡頭是唯一連接外界的媒體，才是你的眼睛」。在屋內發出聲音，是不容許的，一點點動靜都可能影響到金鷹的獵食。金鷹的體型龐大但不笨重，張開翅膀可以長達整整一米，實際是警惕又敏銳的空中狩獵者，洞察著白森林裡的一切。

荒野平原上特意放了鼬鼠、兔子和馴鹿的腿作為誘餌，那些都是來自在公路上被撞死的動物，把被碾碎的肉塊收集回來。聽起來血腥，但其實雪早就冰封了肉的質感，看起來只是一塊塊褐紅色的石頭。就如所有童話故事都是騙人的。Jari Peltomärki 老師曾對我們說，「你們能遇見金鷹很幸運

噢！」但其實我知道金鷹被人類訓練，培養了每年按著固定的飛行路線回來此地狩獵的習慣。

一直以來，我喜歡用底片拍攝，可以讓人思考每一幀的內容，有目標地對準，想清楚才按快門，盡可能不浪費底片，因此培養了我對事物的專注和判斷力。我覺得透過鏡頭，可以看到靈魂，了解自己的傾向和喜歡的是什麼，而並不是單純地消費拍攝對象。畫面應該由我設計，我有選擇創作和控制的權利，而不是單純地記錄。拍攝金鷹，需要更粗暴一些、打破局限，強迫性地多按快門，判斷時需要高度集中，給捉摸不定的飛禽的下一個姿態做出預測，所以往往要用到連拍才可以捕捉到精彩的畫面。

金鷹一般不會在早上出來獵食，探險隊就有

充足的準備時間，拉著承載食物的行李雪橇一整天，穿越小森林，匿藏在小黑屋裡等待金鷹的來臨。黎明的雪霧仍未散去，曙光還沒喚醒，大自然的寧靜引人昏昏入睡。連日來的趕路和探險，難得有機會完全停下來，只做一件事。驚訝，是由於安逸來得太突然，我甚至可以開著頭燈畫畫，把觀察到的飛禽姿態，描繪起來。大部分在芬蘭創作的繪畫，其實都會贈送給當地的朋友和老師留作紀念。我總覺得，他人在無私分享技巧的同時，也是一種精神上的分享。我對這種無私，充滿了感激。如果畫畫是我唯一的天賦，那我希望我的創作也可贈予和交流，而不是孤芳自賞，施比受更有福。

拍攝並不像戶外生存，需要付出相當足夠的時間和學習技能，才可以掌握技巧。只要懂得一點相機數值設置，就可以耍點小聰明，甚至投機了事。Sophie 覺得這樣下去太沉悶了，大多數時間，都由我去完成拍攝。我

Blue tit

Golden Eagle

通過窺視的窗口，我繪畫了不同的飛禽的形態。藍黃色的小鳥是藍山雀（Parus caeruleus 或 Blue Tit）。金雕的名字是 Maakotka（芬蘭語）。

則覺得這是一個很好的給我冷靜下來觀察事物和創作的機會，拍攝也是講究構圖的，好的攝影作品其實並不容易。

就拿我們五個人為例。拍攝方式，往往很能體現一個人的個性。例如 Yuichi 的作品，無論是顏色和構圖上，都是潔淨、溫暖的。K 則更在乎拍攝，意外捕捉的一刻，顏色總是會在後期處理得很強烈。Matthias 的作品，我至今依然有所保留。他自稱是風景攝影師，整個冒險旅程中卻不曾主動為團隊拍攝過，只在乎攀比隊員作品以及網路評價的人；也沒有分享過任何自己的攝影作品，只會在自己臉書上悄悄放一張，看起來極其合成效果的風景照，所以到現在我都沒有看過他拍攝金鷹的作品。為什麼創作要那麼彆扭呢？

直至中午，攝影師 Mikko 說：「guys wake up!」就知道有動靜了，我們紛紛迅速進入狀態。來吧！我半瞇著眼睛，扣著快門，取景器裡，我就只盯著你！金鷹總是猛然來襲，撕一口肉就飛走，過程通常不過幾秒。偶然遇到雙鷹搶食，牠們便互鬥起來，翅膀張開的形態就像兩個喝醉了的老男人，在虛張聲勢，拍拍翅膀就當打過架了，不知道是真的想要拚個你死我活，還是只在警告同伴別來打擾。拍攝時就像是在用六把長槍掃射，咔嚓咔嚓咔嚓咔嚓咔嚓！儘管帶著橫掃千軍的氣勢，但一整天下來，實際上捕捉到最多的都是鷹屁股。牠們都背對著我們在獵食，這些傢伙怎麼那麼狡猾呢！

透過鏡頭，我觀察到金鷹張開翅膀飛翔時，姿態是如此兇猛而無畏。

拍攝的最後一天，我們換到利明卡（Liminka）去拍攝更小一點的小鳥，躲進平川上的小黑屋，而小黑屋因為沒有供電，需要用到燒工業燃料的暖爐。這次是

捕捉到金鷹棲息、飛翔、獵食和猛鬥的畫面。

由兩人分成一組，守候在一格。前方誘餌，都是小鳥喜歡的食物，捕捉到了不同品種的小鳥前來獵食。飄雪下，小鳥抖動著羽毛，顯得細小而可愛。拍攝需要手動快門，自動檔也比不上小鳥的速度，整整四小時的拍攝，我覺得是在坐著打仗。Mikko 說看到遠處有貓頭鷹的蹤跡，但是我完全沒有留意到。芬蘭其實有很多樣子長得很蠢的貓頭鷹，只是隱藏在森林裡，比金鷹更為警惕，所以難以拍攝到。

推薦一個天氣預告 App，The weather（https://weather.com/apps），能清楚提示所在地的溫度。在芬蘭要看兩種溫度，例如天氣預告顯示今日氣溫 -16 度，體感溫度 -23 度；也就是說，如果人在靜止不動時，就得按體感溫度去感受嚴寒。

拍攝活動結束後，來到利明卡的鳥類觀察中心（Liminka Bay Visitor Centre）參觀當地的鳥類博物館。這是我看過最細心的小鳥博物館，提供大量的鳥類資訊和標本模型。整個博物館，只有我們幾個人。值得一去的是中心的創意小鳥餐廳，供應可口的芬蘭菜簡餐（不是吃小鳥啦！），全木搭建的餐廳內有不少可愛造型的木雕刻。四周是落地玻璃，樓頂有一個小型的觀察台設有望遠鏡，可以眺望到一片杳無人煙的平川和公路。

我突然想起《海鷗食堂》這部日本電影。女主角任性地在北歐開了一家日本料理餐廳，提供簡單的食物和飯團。開始時完全沒有客人，但她依然每日堅持準備好每一份食物；煮咖啡前，向咖啡粉念咒語，讓咖啡更香醇，過好每一天的小日子。有點像這個開在荒野的小鳥博物館，安靜地在利明卡建立鳥類的知識寶庫，每日等待，迎接不知道什麼時候到來的下一位客人。

就在我們以為安逸地過了愉快的一週，才發現團隊之間又開始產生矛盾。原來 K 在

左：需要放入燃料燃燒的小暖爐。
中：給小鳥的誘餌通常為雜穀和漿果。
右：放置誘餌的桌子。

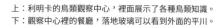

上：利明卡的鳥類觀察中心，裡面展示了各種鳥類知識。
下：觀察中心裡的餐廳，落地玻璃可以看到外面的平川。

背後投訴，覺得自己在團隊裡的待遇不公。例如他投訴 Sophie 總是獲得更多的拍攝鏡頭和關注，分配到比大家更好的房間；Popil 明明沒有帶大相機竟然可以借用老師的相機；Yuichi 接受到更多的媒體訪問。這一切都是不實的。因為無論是拍攝和房間分配以及媒體資源，都是隨機分配的，又怎麼可能存在刻意的安排呢？讓我想起一件事，K 曾經以拍攝需要為由，要求芬蘭旅遊局提供他一台 GoPro。但考慮到 K 已經有一台一模一樣的 GoPro，所以最後旅遊局只贊助四個人的份額，而 K 並沒有獲得分配。K 就是從那時開始，覺得事情是針對他的，整個安排都是不公平的。

我和 Sophie 不想破壞難得的休閒時光，乾脆當作不知道──make a joke，一切當作笑話罷了。如果這時去揭穿，接下來的日子會更難熬。即使你有最好的相機，但人生視野狹窄，你的觀察永遠只會停留在鏡頭的框框裡而已。

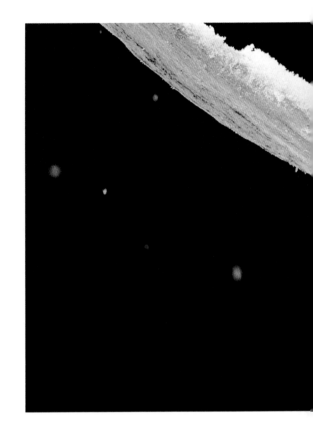

上：幸運地捕捉到冬日裡在樹枝上棲息的小鳥。
左：回到飯店看到當地報紙，關於 Polar Night Magic 的滿版訪問。
右：我和 Sophie 在惡搞金鷹。

What do you call a sick eagle? illegal......

STAGE 03
Being Sámi

我是半個薩米人

哈士奇騎士

```
100 DAYS
OF POLAR NIGHT MAGIC
2016·01·21

HETTA
HUSKIES
We love Pasi !!
```

哈士奇雪橇是壓垮我的最後一根稻草。我中途脫隊，沒有完成整個征途——我選擇逃避人性。

一百天的冒險旅程，才剛過了一半，在完全沒有休息日的情況下覺得身體累到透支了。極夜效應，見不到陽光，精神也漸漸變得脆弱。團隊一天二十四小時，除了闔上眼休息，幾乎都在一起，有一種被捆綁的感覺讓我想躲起來。從來沒有如此渴望孤獨，急切地需要一個單獨的空間，我想找一個地方，畫一幅畫來紀念 David Bowie。他逝世後的第二個星期，我依然沒有私人的時間去悼念他。

海塔哈士奇牧場（Hetta Huskies）位於芬蘭的西北邊陲埃農泰基厄（Enontekiö）城鎮，北極圈往北大約 300 公里的地方。冒險隊從牧場出發，在北極圈範圍內展開 200k 哈士奇雪橇的長征探索。領隊 Pasi 是哈士奇牧場的主人，與他的妻子 Anna 經營著整個牧場。一百八十多隻哈士奇是一個不少的數目，但 Pasi 的牧場一切管理得井然有序，狗棚打掃得尤其乾淨。這不是表面裝出來的模樣，從每一隻哈士奇對人類的信任程度，直接反映出飼養員對牠們的照顧細微。

脫隊後，我在牧場幫忙了整整一個星期，體驗到照顧哈士奇的工作繁瑣和複雜。每日起來，清理狗棚、打掃糞便、餵食肉球、照顧病狗。有時為了照顧好生病的狗狗，我不得不親手注射和塗藥。最尷尬的一次，是需要把藥塗在狗受傷的睪丸上，那種軟綿綿的海綿體觸感，至今依然覺得噁心。

Pasi 的團隊自己制訂出很多程序和規則，

有效針對狗隻的訓練，使狗狗的健康狀況和
體力得以提升。即使在人手有限的情況下，
仍有效地管理好整個牧場的正常營運，並致
力推廣退休的哈士奇的回收計畫。

哈士奇從出生開始，就在牧場長大，滿一週
歲就可以進行訓練。一般的哈士奇牧場為了
迅速擴大牧場盈利，會在狗齡的黃金時期，
即一至三歲，安排過多而且不合理的跑程，
這樣會迅速消耗狗的體能和身體機能，容易
出現健康狀況。哈士奇一旦受了傷，或者年
滿五歲，為了讓狗場不至於消耗資源影響盈
利，牠們就會被迫退休，統統接受安樂死。

而海塔牧場的回收計畫，會盡可能善心回收
一部分，把被迫退休的狗狗帶回牧場，做出
有規律的康復訓練，巧妙地把退休的與年輕
的哈士奇一起組隊，在互相帶動的情況下，
起了一個平衡作用，使得原本需要接受安樂
死的哈士奇，重新投入到雪橇征途；牧場也
會幫一部分不能再次投入工作的哈士奇，找
到願意飼養的愛心家庭。**Pasi** 認為，每一
隻哈士奇都是人類的伙伴，所以每個伙伴都
應擁有合理安排的工作與休息時間。我認為
Pasi 的牧場是全芬蘭最好的。現在，越來
越多的牧場也開始效法海塔哈士奇牧場，真
是一件令人欣慰的事。

其實，我並不是從一開始就放棄征途的。我
也曾努力嘗試參與哈士奇雪橇的長征。當
時，我的身體比較虛弱，微微發燒。可是我
沒如實告訴領隊，因為我始終不想半途而
廢。真正讓我放棄的原因，完全是因為無法
忍受動物受傷，而無關乎自己的身體不適。

當時，**Pasi** 把 200K 的征途分成四日來進
行。冒險隊除了要駕駛雪橇，亦要肩負起照

海塔牧場。

顧哈士奇的責任。我們第一次操控哈士奇雪橇，是在牧場附近的冰川平原，6K 很輕鬆就完成。我認出了，那是 Fat bike 曾經走過的路線。

駕馭哈士奇雪橇的感覺，就像穿著溜冰鞋，以站立的姿態在雪地上愉快地推著一台購物車。只是腳的下方，增加了一個可以把車停住的煞車板。每個人都分得一個團隊組合為單位的哈士奇，每個單位由大小不一的五至六隻哈士奇組成。帶頭的哈士奇，擁有天生敏銳的判斷力和服從能力，接在後面左右兩邊成為「翼」的一對哈士奇，是主要的前鋒，拉著整隊哈士奇向前走，其餘的是陪跑，可以稍微頑皮一點。每跑一段，就需要停下來檢查哈士奇的腳部情況，清理腳掌肉之間的積雪，怕哈士奇跑起來時會被結冰所傷。

哈士奇聽不懂口號，也看不懂手勢，做任何事情都是連鎖反應。牠們擁有足以抵禦嚴寒的魄力，但擁有不思考的腦袋。看到前方的狗群開始跑，就會拚命想要跟上。所以在挑戰哈士奇雪橇的時候，Pasi 嚴厲地教育我們一定要謹遵規矩，按著順序，一隊接一隊地跟著跑，團隊之間必須保持大概 10 米左右的距離。

我的體重比較輕，配了五隻中型哈士奇，但一樣把我拉飛，上坡時根本不用跳下來助力推跑。排在前面的攝影師 Mikko 因為比較重，明明已經配了六隻強壯的大哈士奇，還是經常看到他跳下來推跑喘著氣。我和 Sophie 使壞，經常在後面取笑他，「快點。你跑快點！」

但是越簡單的事，越無法做好。隔日，挑戰 30K 的路途，探險隊連同帶隊的飼養員，一共帶了三十七條哈士奇上路。風雪開始擋路，雪塵不安分地籠罩著四周，除了只看到遠方灰色的山丘，我們無法辨認出哪裡才是我們應該前行的雪道。凹凸不平的積雪，使雪橇鏟飛起來，尤其是上下坡的時候，猶如乘坐墜入激流的橡皮艇般在雪地上翻騰。

K 前後兩次脫手，他的哈士奇隊伍差點走丟了，連一向穩妥的 Yuichi 也連人帶狗一起翻車，被拖了一段路才停下來。Pasi 駕駛著雪摩托為我們護航，根本忙不過來營救。我是一直不敢放鬆，始終捉緊了雪橇的手柄，卻在下坡時來不及煞車，雪橇撞上了石頭，我狠摔了一跤跌趴在地，哈士奇正猛力拉車狂跑，出於自然反應我單手抓住了一邊的雪橇車腳，另外一隻手想按煞車，卻什麼都抓不住，想放手又發現身上被安全繩纏著。就這樣拖了幾十米，吃了幾口雪，快暈過去，才被前排的 Mikko 制止了這場鬧劇。我整個人坐在地上，根本不願意繼續，想找一棵茂盛的樹，自己一個人躲起來哭一哭。

當晚到達營地，天已漆黑，連續六個小時的征途，保持站立的姿勢，行走在顛簸的雪道上，所以腰骨極疲累又痠痛——可是還不能休息。我們得先照顧好每一隻哈士奇，把牠們每隻都分別用鐵鏈捆綁分類，幫短毛的哈士奇穿上保暖的背心，鋪上暖腳的稻草及餵食，再逐一檢查自己隊伍裡每隻狗的情況。

我順著頭燈光源一看，突然發現自己滿手鮮血，血是來自隊伍裡作為「翼」的一對哈士奇。搞不清是什麼時候開始流血的，應該是打架受傷。其中一隻耳朵撕裂缺了一塊肉，另外一隻腳上沾滿了鮮血，踩在地上留了一攤艷紅。我心裡突然很自責，抱著牠們兩隻一直流淚，為什麼沒能及早發現阻止，是不

1. 牠是我最喜歡的一隻哈士奇。
2. 雪橇哈士奇征途開始。
3. 哈士奇牧場的公告板，上面記載了每日狗隻的行程。
4. 傳統的哈士奇雪橇其實是這樣輕巧的。

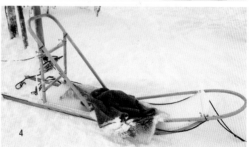

是因為我讓牠們受傷的呢？

把受傷的哈士奇放進營地棚屋照顧，還好傷勢不如想像中嚴重，幫牠們清理過後都主動圍過來撒嬌。我開始明白為什麼 Pasi 把哈士奇形容成伙伴，伙伴的意義是相互，而不是單方面的。在雪地上，牠們是我的守護，是我得以前進的工具；在生活上，牠們需要我的照顧！

卸下裝備，我才開始仔細看清楚自己的臉，分不清楚是淚水、鼻涕還是雪，一臉滄桑。晚上，我和 Sophie 及 Mikko 住在樓上，其餘三名男隊員和女飼養員睡在樓下。其實也沒有所謂的床，只不過是墊子上再鋪一個睡袋而已，不過只要是有屋簷有牆的房子，

不用再睡帳篷，便已經是很大的幸福。

半夜，聽到 K 在樓下半開玩笑地議論著「Mikko 真幸福，同時和兩個女孩子一起『睡』」。如果是平時，我已跑下樓和 K 計較，但現在我在睡袋，還能聞到衣服上的血腥味，頭隱隱作疼，發燒加重了。我只想蜷縮著自己，把頭更深地埋在睡袋裡。

我萌生了退出這趟征途的念頭：我覺得自己正在傷害牠們，我沒辦法繼續了。

我和 Sophie 一大早起來，幫女飼養員回收稻草，解除哈士奇的背心，為新的一日做準備。我看著白濛濛的雪把哈士奇的身軀完全覆蓋，即使我明知道哈士奇是北極耐寒的動物，心裡依然覺得難受。

和 Pasi 商量，如果我繼續堅持接下來的征途，恐怕身體狀況會連累團隊和哈士奇隊伍。更何況下一個營地是在杳無人煙，連雪地摩托車都無法進入的自然保護區內的一個馴鹿牧場。假如我真的發起了高燒，既無法操控哈士奇，也沒有任何駕駛工具可以營救。整段談話過程，我沒有看著 Pasi 雙眼，他出奇地答應了我的請求，甚至沒有責怪我的懦弱。沿路來，我和領隊的關係最有默契，他應該早就看穿，其實是因為我的個性，容易把事情想得太嚴重，面對現實的殘酷時，總想逃避。

後來我被接送回牧場，住在海塔的小鎮。晚上，我獨自散步到教堂祈禱。我覺得我心裡一直愧疚很多事情，但不知道真正糾纏的那個結在哪裡，也不懂為什麼解不開。就在我禱告的時候，天空突然綻現了一道我從未見過色彩如此強烈的雲霞。當時，我很疑惑，

我在禱告時出現的一道色彩強烈的雲霞。

到底，天父，你要告訴我的是什麼？

一年後，我在一次教堂聚會中聽牧師解釋聖經〈詩篇〉第二十三章第四節：「我雖然行過死蔭的幽谷，也不怕遭害，因為你與我同在；你的杖、你的竿，都安慰我。」才明白「杖」和「竿」除了有保護，亦具管教的意思。

過去的日子生活無憂，使我懶惰，滿足於當時「藝術家」的地位，且過分自信，覺得自己無所不能。現在看清自己的軟弱，其實是很痛的一件事，就像親手挖走了自己身上的一塊肉。

但，患難不會一直停留；它只是一個過客。它只是讓你變成一個 better person 的開端。

海塔教堂。

我是半個薩米人

馴鹿效應

領隊 Pasi 把我們交託給馴鹿牧場就離開了。這是探險隊第一次獨立，追隨薩米族人的原始牧養習慣，學習馴鹿（Reindeer herding）。

馴鹿牧場位於芬蘭北部貝於利斯耶爾維（Pöyrisjärvi）。我們遇到第三個 Jouni，是馴鹿牧場的主人，一個現代的薩米族。他與兩個兒子經營著牧場，擁有很多隻馴鹿（馴鹿對薩米人來說是私人財產，所以問他們的馴鹿數量，其實是非常不禮貌的。何況，薩米人即使願意告訴你，數目也一定不是真實的，所以我一直不清楚他到底有多少隻）。

探險隊在牧場度過了莫名其妙的一個星期。我到現在也還不能體會，所謂馴鹿效應。其實馴鹿牧場，一年只會進行大概兩次大規模的牧養，圈趕馴鹿。我們去的時候沒碰上，而且在接近零下 40 度致命的低溫，在戶外活動是非常危險的，本來就不應該強行體驗，但拍攝任務迫在眉睫，明顯地這次我們又得硬撐。

即使裹上層層衣服，依然覺得寒冷入骨。Jouni 允許我穿上薩米族的傳統民族服毛皮大衣禦寒。看似柔軟的皮毛，是由海豹、馴鹿和狗的毛皮拼接，手工縫製而成。這件民族服呈乾硬狀態，已經有百年歷史，傳承了整整三代。

傳統民族服其實一般是不可能給外族人穿著的，薩米族對民族文化保護，十分重視乃至固執。從遠古時期，薩米族就是遊牧民族，並不只有白人長相，也有部分長得像黃種人，亦被喻為北歐「最後的土著」。其實在民族服下，我已經裹了超過十件的衣

REINDEER
APPRENTICESHIP
Polar night magic
www.polarnightmagic.com

右上：臨時組成的馴鹿效應小分隊。
左上、下：穿上薩米人的傳統服裝，再加上裡面十幾層的衣物，
走起路來像一隻胖小熊。

服。走起路來，像一隻行走的小熊（現在 Instagram 上仍然有人以為我是薩米族姑娘）。

Jouni 說，馴鹿牧人的工作，其實就是要讓自己每日「白忙」。馴鹿是蠢牲口，數目太多時，很難控制和圈養。經常會發生單隻馴鹿牽引，帶領成群馴鹿走失的情況，導致每年馴鹿的損失數量直達 20%。為了減少馴鹿的流失，Jouni 需要每日開一小時的雪地摩托車去檢查馴鹿群的情況。同時也風雪不改地為了防止其他人發現馴鹿的蹤跡，甚至會故意用雪地摩托車留下不同的行駛軌道，迷惑其他人。

為了體驗真正的馴鹿效應，探險隊決定去尋找馴鹿群。Jouni 僅用一部重型雪地摩托車，就足以拉起五個人的雪橇。每次坐雪橇，男生都只願意擠在中間，我和 Sophie 不是坐在前面擋風，就是坐在後面墊背。一般人都認為男性會禮讓女性，但作為探險隊員，男女是平等的，就不想去計較了。Mikko 是真的擔心我和 Sophie，幾番叮囑必須背向前進方向坐，用背部擋風，不能正面迎風。同時往我們身上盡量鋪上毛毯、馴鹿皮和抵禦雪塵的稻草。

我和 Sophie 都屬於天不怕地不怕的少女，還自以為有民族服保暖，應該問題不大。實際上在摩托車飛馳一段時間後，Sophie 已經開始沉默，明顯被雪塵吹得難受。我的眼皮也越來越重。我的兩側頭髮、眼睫毛

上積滿了雪。裸露在外的臉額，風如刀割。但身上已沒其他衣物可裹。我問 Sophie：「Are you OK?」她半瞇著眼沒有回答我。怎麼辦，已經沒有可以遮蓋的東西了。我下意識地擁緊 Sophie，輕搖著她不知道是否管用，但生怕她睡著：「Don't close your eyes! We are almost there!」（不要闔上眼睛，我們快到達了！）

過了良久，才找到馴鹿群的蹤影，到達馴鹿放養的營地。我扶著 Sophie 下車，一直最有魄力的 Sophie，連舉步跨下雪橇這麼簡單的動作竟然也力不從心，她整個人是緊繃的。Jouni 察覺到情況，讓我們趕緊鑽入帳篷，帳篷看起來像是完全沒有真實感的一座小三角形——由幾根木頭，捆著帆布搭成。我們得自己帶著馴鹿皮進去，鋪在雪地上才可以躺坐。Jouni 的大兒子麻利地生起一堆柴火，就忙著為我們準備點熱食，看上去絲毫不受剛剛極低溫度的影響。柴煙一直往上冒，飄到棚屋頂部再從天窗排出去。

我把鞋子脫掉，摸了一下腳趾頭，良久都是僵硬的，只能不停按動加速血液流通，才發現腳汗使羊毛襪結冰了。Sophie 在我旁邊身體蜷縮成一團，整個人都盡可能靠近火焰，像一隻鵪鶉，對大夥的談話也沒有反應。突然，K 在邊笑邊叫：「Sophie，

左頁：馴鹿的蹤跡。
上：帳篷的天窗。
中：看起來一點都不結實的帳篷。
下：一度沉默的 Sophie。

your clothes are on fire！」
「What? Oh No...」我忘了拿起什麼，
就往 Sophie 身上撲，好不容易才把她身
上的火蓋熄。她坐得太接近火堆，民族服內
的羽絨服燃點低，觸碰到火苗就迅速燃燒
起來了。而溫度寒冷，Sophie 沒有立刻察
覺。幸好沒有大礙，只是羽絨服燒了一個大
洞（後來 Yuichi 告訴我們，他的雪靴也
因為太靠近火焰，而把鞋底燒融了）。驚魂
未定的 Sophie 一直在流眼淚，我也在流
眼淚，但並不是在哭。哭通常是帶著情緒的
一種反應，流淚是因為身體的自然反應，大
自然的冷太嚴酷了。

等身體稍微暖和起來，我才願意走出棚外。
其他人是真的怕了戶外溫度，繼續留守屋

內。隊員裡只有我與 Matthias 有親眼看
到馴鹿效應的一幕。暴雪已把雪橇埋了一
半，Mikko 叮嚀我跟上，跟在他後面，寸
步難移地踩著比膝蓋還深的積雪。這時已接
近黃昏，零下 40 度，天空的顏色接近夢幻
的粉色，和馴鹿奔跑的情景，組成一幅畫。
警惕的馴鹿已經分散跑遠到附近的山腳，
Jouni 要開著雪地摩托車，和他的狗跑了
一段弧形，才把馴鹿一起趕回原地。Mikko
告訴我，剛剛我們在帳篷裡取暖，錯過了兩
百隻馴鹿經過的浩大情景。

除了學習馴鹿，冒險隊亦需要幫忙維修牧場
圍欄和飼養馴鹿。笨重的手套是無法靈活活
動的，得脫下來手才可以操作。每天只能工
作幾小時，每次裸露在外的皮膚，不能超過

五分鐘，因此連把鐵絲纏繞在欄杆上那麼簡單的事情，都需要分幾次才能進行。據說如果人在零下 40 度低溫下裸體，不消十五分鐘就會死亡。

在極寒的零下 40 度，空氣裡的水霧會產生奇特的自然畫面，出現迷幻的顏色，甚至出現海市蜃樓，猶如魔幻仙境。我樂此不疲地玩著冬日裡的小把戲，把沸水倒入保暖瓶裡，再往頭頂上灑，水滴在空氣中瞬間結冰，形成線條形狀的冰柱。就連北極光，每夜都爭妍鬥麗地湧現，才知道之前看到的只是北極光的皮毛而已。

探險隊住在同一個木屋裡，Sophie 因為著涼先休息。我和 Sophie 分得一間小房間。其餘男生和 Mikko 擠住在另一間大一點的房間。中間連接的是桑拿房，隔音效果很差，聊天的聲音聽得很清楚。K 一直向 Yuichi 和 Matthias 尋找認同感，發表自己對 Sophie 的諸多不滿。例如覺得 Sophie 為了可以得到更多的關注和鏡頭的拍攝，故意把羽絨服燒著……這些話我都聽到了。不懂 K 為什麼總是處處針對 Sophie，如果我告訴她他們的對話內容，也只會把團隊矛盾鬧得更大。拿著手機，猶豫著是否應該跟 Pasi 談談，但 Pasi 好像也不是解決問題的最佳對象，他只是我們的領隊，並不是我們的保母。

我們都是成年人了，應該自己解決問題。

左頁：天空的顏色接近夢幻般的粉色。
上：維修圍欄。
中：在零下 40 度的水霧於遠處產生了一座半透明的山峰「海市蜃樓」。
下：馴鹿最喜歡吃苔蘚和地衣等植物。

STAGE 04
Survivor

超越極限的
雪國生存者

這是一封寄不出的信

Dear Mr. O：

Hey，為什麼我聞不到海洋的味道？是冰層把味道封鎖了，還是我的鼻子早就凍僵了呢？

在凱米（Kemi）遇上兩次破冰，一次是乘坐破冰船三寶（Sampo）號。另外一次是跨國滑雪時，遭遇破冰，兩次都是和你在一起。你拍下了我的回憶，藏在哪裡了？

凱米沒有想像中好玩，是一個典型的旅遊城市。但這個城市有破冰的豪華遊輪三寶號。你知道嗎，這是我第一次乘坐遊輪。那麼近的距離看一隻鐵皮巨獸在公海上霸道橫行，還挺有趣的。冰海川破開裂縫，裂縫一直延伸到看不到盡頭的水平線，就好像把地球也破開了。我從未見過這樣的景象，到底是人的科技比較厲害，有足夠改變自然環境的力量；還是大自然在警告，我們只不過是地球上渺小的一員，還有無邊無際的沒有盡頭的路在等待我們探索。

你拍下了我和 Sophie 嬉鬧模仿電影《鐵達尼號》裡男女主角站在船頭上的畫面。我便知道你是一直留意著我的一舉一動，對我放不下心。好幾次你回頭看我時，我多想給你一個擁抱，也想讓你知道，我心裡其實並不是沒有感覺的。

在三寶號上，我想起《海上鋼琴師》這部電影。男主角是個從小在遊輪上長大的孤兒，卻擁有極高的音樂天賦。他從出生起就未下過船，直到遇上喜歡的少女，差一點就邁步走進大都會。但當他即將踏上土地時，他茫然地看著偌大的紐約市，凝視了一陣，他突然拿起禮帽拋向遠方，然後回頭折返船上。他對同伴說，我再也不下船了。後來同伴問他，為什麼不去尋找新的人生。他說，從前我的世界充滿了希望，從船頭到船尾，在舞廳中的那架鋼琴前，從左到右，總共八十八個琴鍵……一切是如此熟悉，我可以彈奏音樂。城市那麼大，盡頭在哪裡？我能看到嗎？就連街道名稱都已經數不清了。對他來說陸地是一艘看不到盡頭的「船」。

當時我突然好希望我們就停留在這艘船上。一個固定的範圍，不要再走出去，也不要冒險了。多一點時間重新認識你，再聽聽你的故事，而不是下船後各奔前程，你繼續旅途，我繼續冒險。

公海真是太美了，冰海的顏色是不一樣的。我雖然生活在沿海的南方城市，卻極少看到這樣遼闊的海洋，讓人舒心。Pasi 似乎也放下嚴肅，眉頭不皺了。好像只有 K 不太高興。不知道從什麼時候開始，對冒險行程的所有安排都有想法。總是喋喋不休，婆媽地抱怨瑣

靠近沿岸設有風力發電機

Pasi 很喜歡我的冰雕哈士奇。

事，就像個負能量的發電站，而且處處針對著 Sophie。雖然我也不知道可以怎麼幫助他化解心裡複雜的想法，但其實我挺想踢 K 一腳，告訴他，「Wake up kid, don't act like a child」「我們是團隊，不是敵人」……

我知道芬蘭旅遊局是特意為我安排參觀凱米的冰碉堡，讓我多感受不同層次的北國藝術。很好奇冰雕藝術家是怎麼做出這麼大一座城堡，其實也是需要使用各種重型的工具。我忍不住動手，創作了一個冰雕哈士奇送給 Pasi，還第一次看到了 Pasi 的笑容。

但為什麼你們都取笑我，覺得它更像隻小狐狸呢！我拉著團隊和凱米的吉祥物小雪球合照，很久沒有站一起拍照了，明明是每天都見到的伙伴，卻自從團隊開始產生矛盾後，誰也沒有主動提出說要合照了。

晚上我和 Sophie 在冰屋，睡在鋪滿馴鹿的毛上。我手腳怕冷，巴不得把頭也鑽進睡袋。你知道我有多麼不喜歡在那麼寒冷的天氣裡，還要睡在冰屋。多渴望一天活動結束後，疲倦的身軀能泡個熱水澡，圍著暖爐喝一口熱巧克力。體貼的你進來幫我們關燈，塞給我一個暖暖包，我想躲在睡袋裡給你發短信。但手機在零下溫度，哪裡還能開機呢？

我想起，初次認識你，是在隱居於自然保護區裡的靜謐小木屋。我知道你沉迷於拍攝紀錄片，也玩音樂，當時的想法就是，你是個特別喜歡戶外生活的北歐人。我有意撮合你和 Sophie。很多時候我都沒有參與你們之間的話題，故意趁早離場。直至某夜，我從沉睡中起來去上戶外的洗手間，當回到屋裡發現你上身赤裸，下身只穿一條平角褲，一個人坐在客廳。一瞬間我還以為你是有某種變態癖好而被嚇到了，但接著我就發現地上有血跡。原來是在我起床的時候產生了碰撞的聲音，你以為是燃燒中的柴枝又從火爐轟了出來，擔心引發火苗所以起來檢查，腳卻不小心被地板上的倒釘勾掉了一塊肉，血一下子從傷口湧出來，你一時愣住，痛得只能坐在客廳裡流眼淚。你這麼大一個男人，流眼淚時還真像一隻小動物。

久違了的合照。

我趕緊把藥包拿來幫你消毒，處理傷口。因為傷口太大了你無法自己處理，所以我幫你按著傷口一段時間血才能止住。我心裡暗湧著一種感覺，擔心也心疼你。在燭光底下，我們才開始真正意義上的交流。你告訴我，童年在北歐成長的故事，對攝影創作的想法，對藝術的理解，喜歡的和不喜歡的事。我才明白暗湧的感覺何來，彼此喜好如此接近，互相欣賞，甚至存在默契。我覺得你看透了我的靈魂，這是我沒有預料的事。在此之後，我得刻意迴避你的眼光，才能制止心裡的想法。因為，我的心裡已經住著一個人。而且這個人一直在等我平安回去，已經沒有更多的空間和想法去接納另外一個。

我覺得對你來說，或許我只是一個匆匆的過客。但後來事實證明，我們將共同經歷危險。

第二次破冰。我差點跌入冰海。回想這段經歷，至今仍然記得那種空虛無助、刺寒入骨的感覺。

冒險隊計畫跨越公海，從勒於泰（Röyttä）港出發，在冰海進行跨國滑雪，抵達瑞典和芬蘭之間一個自然保護區內的島嶼。

我們每個人都拖著行李雪橇。這是我第二次使用滑雪板，期間明明沒有練習，卻驚訝於自己

左：凱米的冰碉堡。右：我和 Sophie 住的冰屋。

進步了很多。應該是由於旅途累積下來的經驗，和對北國的戶外技能漸漸熟悉，增加了自信，手腳更協調、滑得更遠。

Pasi 謹慎地在我們每個人的脖子掛上一副冰錐，萬一失足跌到冰層時，我們得於三秒內用冰錐自己爬上來，否則會冷死在冰海裡。但我的掛繩從一開始就鎖不緊冰錐，而你執意要對換，我無法拒絕。我很感激，因為有你在身邊帶給我安全感。

整個徒步計畫，預計是六小時完成，實際走了九個小時。暴風雪偷襲，雪層濃聚，雪是灰色的，前後都看不清楚冰海的地勢實況，只能看著指南針辨認方向。風迎面撲來，難以前行，我跟在 Pasi 後面，感覺氣氛慢慢緊張，你來回檢查我們隊員的情況，生怕任何一個人掉隊。突然 Pasi 停下來，倒退了兩步。前方突然發現冰裂的斷層，破冰的裂縫，在雪面打橫構成一條灰黑色，是未完全結冰的深溝。冰層之間錯開碰撞在一起，形成比人高的冰堆。明顯地我們是不能爬過的，身上還掛著行李雪橇，怎麼才能跨過去？但後面追趕而來的暴風雪，讓冒險隊寸步難移，除了繼續向前，無後路可退。

第一次見 Pasi 面露難色。他轉身和我們說，「Wait here！No matter what happens！」然後他和你用芬蘭語對話，轉頭又指了一下我們。脫掉行李雪橇，就開始跨

越破冰。Pasi 每走一步都得思考，每次都用雪桿先試探一下路面狀況，再小心跨越。等 Pasi 完全通過了斷層，才指示我們沿著他的路線走。馬上就要輪到我了，可是我的腳還在抖，怎麼走啊！

我無法強制自己不害怕，眼淚刷刷地流，脫掉行李雪橇，手握不緊雪桿，祈禱著有什麼力量可以一下子就把我推過去。但奇蹟沒有發生，我還是得硬生生地跨過去！就在我跨越到一半的時候，突然覺得腳下的冰不穩，踩空了。冰是浮動的！就在我快要失去平衡時，還來不及呼叫，Pasi 已經一把將我拉了過去，我跌在地上人是安全的，但整個人都在劇烈顫抖，無法消除恐懼。你過來一把抱著我，將我的頭深埋在你胸口裡說，「Is ok, is ok, I am here, you are safe!」我才慢慢冷靜下來。

但此刻，我唯一想到的人，是他，不是你。

雖然驚險萬分，但我們並沒有丟失任何一員。在渡過破冰層不久，探險隊就抵達了島嶼。島嶼上，只有一間小木屋和一支旗杆。木屋裡面，倒是布置得小而精緻，應有盡有，甚至還有

遇上破冰層，猶豫的 Pasi。

拖著行李雪橇出發。（Sophie 攝影）

棉被鋪。這是我們住過的自然保護區中，最好的一個營地了。

我很快恢復精神，到外面盛雪幫 Pasi 做飯。你也幫忙生火，我內心感到暖暖的。但男生依然只顧自己，我開始有點覺得 Pasi 真的很辛苦，要安排行程，又要教我們戶外生存技能，還得照顧我們的飲食，早就超出了工作和義務範圍。我們都是成年人，應該獨立。

臨睡前，你伸手輕輕拍了一下我的額頭。我們的睡袋正對著，凝望彼此，什麼話都沒說，什麼都不能說。

第二日天晴，月亮還沒離開，紫霧包圍了整個島嶼，小島的存在接近夢幻。散步回來，看到你就站在木屋外，對我微笑，太陽也出來了。我相信自己曾經有那麼一刻，想奮不顧身奔向你。

一夜暴雪，碾平了公海，幫探險隊把回程的路重新鋪墊好了，破冰裂層早已消失得無影無蹤，

上：把雪融了就成了探險隊的飲用水。
下：島嶼小屋。
右：早上起來 Mr. O 的笑容。

冰海平川渲染成金色的沙漠。單從照片上看,是無法感受表面平靜的冰海平川,其實隱藏了
多少危險。

我偷偷打開 Nike App 記錄了這段神奇的徒步,我應該是第一個在這段公海上使用 Nike+
記錄的人。你取笑我奇怪,你就是喜歡我的奇怪。和你再次告別時,連一個擁抱都來不及就
得趕路了。我得把感情和祕密都葬入公海。

想起冰島的獸人樂隊(Of Monsters And Men)的一首〈Yellow Light〉。灰色的 MV
畫面是個騎著怪物的騎士,拿著旗幟在雪地上一直漫無目的地、無畏地前行冒險。

I'm looking for a place to start
And everything feels so different now
Just grab a hold of my hand
I will lead you through this wonderland...

我們的故事呢？是不是真實存在過。如果再見，你是否會問我，願不願意跟你一起走？

STAGE 04
Survivor

超越極限的
雪國生存者

弓步滑雪意外

每次滑雪，都會遇上些意外。

第一次滑雪，是剛抵達北國時；第二次，跨國滑雪遇上破冰；第三次，弓步滑雪（Telemark skiing），我直接從700米的山坡失足摔下來。韌帶撕裂，至今仍未康復！

在比哈（Pyhä）跟 Jani Johansen 老師學習弓步滑雪，從一開始我就知道有問題。滑雪鞋不合腳，鎖在滑雪板上，靴子完全勒緊了雙腳，每滑一步都痛得如被蛇咬。我提出滑雪鞋的尺寸有問題，但 Jani Johansen 認為我只是還沒適應滑雪姿勢。事實證明感覺是對的。脫下來，才發現腳被勒得瘀青，但又來不及找另一雙替換。只能勉強多穿一雙襪子，又重新穿著不合腳的滑雪鞋，回到滑雪道。

弓步滑雪是傳統的滑雪技巧，深受滑雪狂熱者的追捧。弓步滑雪的雪板比一般滑雪板寬和重，滑雪時姿勢就像日本武士在雪地上耍弓步：屈膝，左右腳前後變換，邁步時穩重向前。我們自作聰明，認為姿勢容易，沒留心就開始滑，實際上還需要點平衡的技巧，特別是下坡時總是忘記了變化步伐，邁弓步時也需要減速，所以最後就變成一般的滑雪姿勢，遜斃了。

Jani Johansen 曾給我們示範，輕易就畫出大弧度的弓步；在太陽底下鏟起的雪，銀粉飄飄，像女神的裙襬，動作有如在雪地上跳一曲探戈。

弓步滑雪的第二日，因為我們始終滑得不好，Jani Johansen 把我和 K 分成一組，託給一位芬蘭女士管教。他自己則帶著對

練習弓步滑雪。（圖片來源：Polar Night Magic 冒險視頻截圖，Visit Finland & Finnair 提供）

左、右：纜車把我們帶到最高的山峰。

滑雪熟悉一點的 Yuichi、Matthias 和 Sophie 在更高的滑雪道練習，連同攝影師 Mikko 也跟著去了。我知道接下來都不會出現在攝錄機裡，反而覺得輕鬆。K 明顯不滿意安排，黑著臉嘮叨著自己被拋棄了。

芬蘭女士顯然也不是正式的老師，溝通上也有語言障礙。好不容易，我和 K 才把握到一點點要領。她做了個手勢，就讓我們跟著她乘坐纜車上山。到達山頂上，天色漸暗，遠處山脈連綿，還以為是來欣賞風景的。那麼高的山坡，怎麼樣都不像初學者來的地方，沒料到她真的讓我們滑下去！我和 K 都有點愣住了，700 米的山坡，怎麼滑？但無論我們是否願意，纜車已經停止營運，四周杳無人煙，滑下去是唯一下山的辦法。

剛開始斜度不大，小心翼翼地邁著弓步，盡量在滑雪道上畫最大的弧度，也只是緩慢地滑下了一段山坡。才練習兩天，對於一個只有兩次滑雪經驗的人來說，這樣強硬的安排是完全不合理的，也是缺乏安全的。突然我失去平衡，來不及畫弓步減速，越墮越快，煞不住……哎？好像，撞了什麼！

痛──我在哪裡？動一下手，沒斷，還在。摸摸頭盔，脖子也沒有問題。奇怪了，腳使不上力了。一用力就頭暈，身體只能躺著，動不了。良久，聽到有人叫我名字，「Popil is here！Popil is here！」

後來，我被雪地警察找到，才確認自己是從山坡上摔下來的。但對摔下去的過程一點記憶都沒有。翻看 GoPro 的記錄，視屏捕捉

到我的活動狀態，是經過一段翻滾後才停止。鏡頭大概有半小時一直對著天空，記錄著雪一朵朵飄下來，Snow come, snow down，看來我是隔了一段時間才被找到。

在芬蘭的北極圈範圍內，找醫生其實不容易。往往要驅車到另外一個小鎮。當時肯定腳沒斷，以為不嚴重，冰敷舒緩了痛楚。但韌帶撕裂是隔日才有感覺的，膝蓋滿是瘀青。膝蓋側面的位置，摸下去像果凍般的海綿體腫起了一包。

我馬上暫停所有的極限運動，包括弓步滑雪的學習，和取消接下來的冒險挑戰——征服五座雪峰。這成為我整個旅途裡最大的遺憾，唯一未能參與的旅程，無法完成的任務。這一次，我是被迫脫隊。我認為完全是 Jani Johansen 的失誤，對冒險隊員的實際情況，不夠細心觀察和負責。拍攝任務亦太迫切，為了追求效果，罔顧了滑雪是需要時間實踐技術，而不是單憑意志和堅持就可以完成的任務。

當冒險隊帶著他們國家的旗幟，困難重重地徒步荒野，征服五座雪峰。只有我一個人，躲在薩利色爾卡小鎮（Saariselka），休養了一個星期。但冒險隊在出發後，隔日就失聯了，怎樣也無法聯繫上。雖然知道自然保護區比較偏僻，但沒預料到完全沒有信號。我擔心得每日都去鎮上的教堂祈禱，保佑我的「兄弟妹」平安回來。同時，我心裡是極難過的，曾經我是那麼強壯的人，現在，我感覺到行動艱難，連膝蓋都不能完全彎曲，不能長跑。如果一個星期內情況沒有改善，探險之旅可能也得終止。上帝，我不想現在就結束，半途而廢。我還想繼續冒險，繼續跑馬拉松，我還可以嗎？

這段時間我終於學會了看地圖，運用指南針，判斷他們的路線和方向。做出最壞的準備，找齊了相關營救隊伍的聯繫方式，如果真的發生了意外，至少我知道他們的行程和所在地點。

幸好，最後隊員都平安無恙，我亦能重新走動。雖然感覺到痛，但至少堅持下去應該沒問題。

感恩，信仰使我平靜。我覺得人最大的問題，其實是自己和自己過不去。I don't need a daydream, to escape anymore, I just want to be who I am right now.

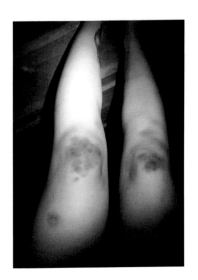

薩利色爾卡小鎮的教堂

STAGE 04
Survivor

超越極限的
雪國生存者

**僵硬的軀殼
攀爬冰瀑**

Don't give a f*** !

如果你無法相信自己的同伴,那就不應參與任何協力的極限運動。就在團隊關係最壞的時候,進行了冰攀(Ice climbing)挑戰。其實,對每個人的生命都造成了威脅。

我在上一個挑戰弓步滑雪中跌傷了韌帶,必須強制休息,沒有參與征服五座雪峰的冒險挑戰。期間有一段時間和團隊失聯,所以不了解他們的情況。當他們歸隊時,我就察覺到不對勁。矛盾的源頭來自K的不成熟,言語上過於衝動,讓整個團隊的關係出現了更大的裂縫。

雖然我有嘗試開導K,但後來才發現關係不是我一個人可以去修補的。領隊可以教會我們生存技能,但無法授予如何做人的道理。我不清楚K有沒有信仰,但可以看出他其實在逃避成長。

我理解的是,團隊隊員之間應該互相信任和依靠,彼此了解養成默契。無論面對任何事情,都是一個整體,共同向前;特別在生死關頭,可以互相拯救──現在的團隊,根本看不出所期望的模樣。

到底是哪個細節出錯,導致團隊關係發展成如此難堪的局面?還是,問題其實一直都存在,只是發生危難時把人性放大得特別清晰,所以把彼此的陰暗面都看得一清二楚了。

Mikko說,「你別想太多了,**Don't give a f*** !**」先把自己照顧好吧。

在波西奧的科勞烏瑪自然保護區內(Korouoma Nature Reserve)攀爬冰

上：攀爬練習的時候，你的搭檔肩負著拉扯掌管你生命的繩索。　（Yuichi 攝影）
左下：山勢崎嶇，大家都小心翼翼地爬山。
右下：Sophie 以跳躍的方式下山，很快就抵達山腳。

瀑。幸運地遇上氣溫回暖，零下 5 度對我們來說已經等同夏天！這裡一共有十二座色彩奇幻的冰瀑，這是由於瀑布的水和石頭的礦物質，產生了化學作用，因此形成了不同顏色的冰層，看起來像綿花冰的冰瀑，是攀爬愛好者的聖地。初級攀爬者都從挑戰薄荷藍色的猛獁冰瀑（Mammutti）和咖啡色的棕河冰瀑（Ruskeavirta）開始。高低不平的水流形成了形狀不同的攀登路線，更具挑戰性。一身藍色連身滑雪裝束的 Jussi 是我們冰攀的老師，長得很像 Pasi，但沒那麼嚴肅！

要學會攀爬冰瀑，得從爬山開始，先讓我們熟悉冰瀑的地勢，也測試對畏高的反應。Jussi 仔細檢查我們每個人身上的裝備，包括爪鞋和安全帽的佩戴，然後在團隊五個人之間，繫上了一條安全繩。Jussi 再三警告，這些看起來兒戲的安全繩，其實也是救命的繩索。攸關性命，任何人都不能私自把它摘下來。

棕河冰瀑的山勢奇特，雪覆蓋了絕大部分的山路。探險隊只能沿著山邊，背靠著山側身攀登，步步為營。身上的攀爬裝備，等於我整個人體重的一半，明顯覺得身體有一部分不屬於自己的。突然 Yuichi 踩空了，整個人往下墜。我跟在他後面，卻完全反應不過來，伸手也拉不住他！幸好安全繩卡在樹幹上，才停止了繼續下滑。受到經驗教訓，每個人都趕緊重新檢查了一下繩索，對於突然下墜的衝力，仍心有餘悸。

到達山頂後，把自己身上的 D 扣（登山扣）扣著爬山繩，慢慢沿著冰瀑的懸崖步行下來。身體完全伸直站在冰瀑上，然後背向地面，一邊往下走、一邊放繩。動作看起來一

點安全感都沒有，由有攀爬經驗的 Sophie 首先下去。她嫌一步步下去麻煩，乾脆用跳躍的方式，像在月球上一般，才幾步就下到山腳了。我模仿她照樣做，才意識到別人能做的事情，其實自己未必能做得到。腳是抖的，良久才敢邁向下一步，30 米的距離，我花了將近半小時才抵達山腳。可能用滾的，會更快一些。

似乎探險隊員每個人都可以克服畏高，順利進階到冰攀。其實只要按著正確姿勢，要冰攀並不困難，最難的在於克服心裡的恐懼和畏高，同時保持身體力量的平衡，以及意志要堅定。Jussi 說，你要記住「Hand up！」就像小時候老師提問時，你要舉手，把手伸到最高，然後把冰鉤垂直，插在冰瀑上。再用手腳的力量，把整個人往上帶，而不要彎曲自己的腰，單靠蠻力，這樣才能持續地往上爬。

而你一對一的搭檔，是關係到你生命安全的人，負責拉著你的安全繩。每攀爬一步，他就把繩拉緊，幫助你有更足夠的力量攀爬，也幫助你在失足時可以馬上站穩，不至於跌撞或者下墜。

Almost already there!

冒險的艱辛，讓我經常流眼淚。有客觀刻苦原因，也有個人心理因素；更多是因為恐懼和極寒冷，而無法控制淚水。當我終於爬上冰瀑山頂時，因為感動而落淚了。看到奇特的景致，足以讓我明白一切的磨難都是值得的。

第一次挑戰冰瀑的經歷，獻給了 30 米高的的猛獁冰瀑，一座近乎透明的薄荷藍色冰

上：由於水和石的礦物質產生化學作用，形成不同顏色的冰瀑。
下：冰攀教練 Jussi 正在講解要怎麼使用冰鉤。

快要登上山頂的一刻。I am almost there!（Mikko 攝影）

瀑。即使無數次自我催眠說不要緊張，但實際在攀爬的過程中身體是緊繃的，手腳都不聽使喚，這冰鉤怎麼老是插不進去呢？**Jussi** 教我，害怕時深呼吸幾口氣，甩甩手，讓血液倒流，防止冷僵，但我怎麼覺得吸入的都是涼氣！

我因為右腳韌帶撕裂，每邁上一小步膝蓋都覺得痛，只好倚重另外一隻腳。懸掛在冰瀑上，一點真實感都沒有，只想快點結束，因而忘記了要換力，雙手漸漸發麻，隱約覺得體能已經到了極限。我不想放棄。**Almost already there**。都快要到冰瀑頂了，我能堅持的，就差幾米──6 米、5 米、3 米、1 米！

最後的那一步，是艱巨的里程碑，完全是憑著意志挪動身體。登頂後，我直接躺在冰上。等等，手呢？太冷，我感覺不到我的手

了，趕緊把手套摘下來，嘴巴不停向手哈氣，良久才有知覺，紓緩過來。

在山頂上看著對面灰色的山頭，被剛升起的太陽橫刀砍開了兩截顏色。金黃色的山頂，實在太美了。我的魔幻森林，是只有攀爬到冰瀑頂，才可以看到的景色。突然覺得，所有經歷都是有原因的，就是為了來到這裡，看清楚我的靈魂。如果當初沒有勇氣參加海選成為探險者，一步一腳印地找到冷酷仙境，我又怎會感恩此時此刻的磨難，讓我看到一輩子都不能忘記的光景？

I am there!

然而，並不是所有攀爬都能完成。

當冒險隊進階挑戰 50 米高的棕河冰瀑時，山勢更為嚴峻，但絲毫難不倒 Sophie，她

登上冰瀑頂後看到在對面的魔幻白森林。

是第一個到達頂峰的。這次我沒有堅持，只完成了一半路線就下來了，因為我不想勉強受傷的膝蓋，強迫自己完成任務，影響到接下來的旅途；而且冰鉤插進了尚未完全結冰的冰瀑裡，水流噴出，灌入了羽絨服，真的刺冷入骨。盡了力，就無遺憾了，自身安全才是最重要。我寧願留在冰瀑下幫忙拉繩，每個人從一開始就有固定選擇的搭檔。例如我的搭檔一直都是 Sophie，我們彼此照應。她攀登的時候，我就是負責拉繩的人。我可從手中的繩索傳來的震動，感覺到她的每一步攀登，就好像真的牽著她的性命一樣。我很緊張，一刻都不敢把手放開。

Jussi 突然走過來問我可否幫 Yuichi 拉繩。原來作為搭檔的 K，一直都沒有留心 Yuichi 的攀爬，連續幾次 Yuichi 猛跌了幾米才留意到狀況。看著 Yuichi 整個人都因為重力而撞在冰瀑上懸掛著，這是很危險的。我對 Yuichi 喊「Is ok, I am here for you」，就馬上從 K 手裡接過了 Yuichi 的繩索。

然而，忘記了 Yuichi 和我是最萌身高差，本來就不該由我去拉 Yuichi。他真的很重，我感覺整個人都被拉扯過去了，得半蹲下把繩纏在自己的腰上，才能勉強拉得動 Yuichi 的每一次邁步。Sophie 看到狀況也過來幫忙，合力幫助 Yuichi 成為第二個到達頂峰的人。

雖然誰也沒有責怪 K，但接下來的訓練，幾乎沒有人願意和 K 組隊。誰也不敢把生命的繩索交給無法信任的人。

對於始終無法成為好朋友，我感到遺憾。

上：成功攀爬後，我下來與 Sophie 手握手的瞬間。
中：每一下握手都是鼓勵。
下：冰攀教練 Jussi 總是給我力量，鼓勵我攀爬。

Things will come.

在學習冰攀期間，探險隊連續五天住在自然保護區的小棚屋內，是我最懷念的最平靜的時光。每日，早起進行攀爬訓練。漫步在白森林裡，從來沒有花過那麼多時間去觀察森林。高如巨人的木杉，架構出童話故事的場景。湖裡的水，雖然是褐色的，但喝起來甘甜可口。晚上，北極光就像熟悉的老朋友如期到來。我沒有三腳架，乾脆躺在雪地上把相機架於胸前，按下快門。多希望時間過得慢一點，我開始漸漸捨不得這個旅程、白森林、艱苦的冒險、磨難的回憶，這一切都讓我看清楚了自己的內心。

我想起英國電影演員艾瑪·華森（Emma Waston, 1990-）的一句話：「我不要讓失敗的恐懼阻止我去做自己真正在乎的事。」

Be a better person.

感恩，雙手，雖然你並不強壯。沿途握緊了我的冰鉤，給予我力量，也握緊了同伴的信任。特別是 Sophie，感謝你選擇了我作為同伴，每次都是我最好的搭檔。我們輪流拉繩，互相照顧，從來都沒有出過意外。這種信任和默契，是用共同經歷建立起來的。

從鼓勵擊掌乃至握緊的手，我看到 Matthias 的改變。他從一個大男人的形象，轉變成一個可以依賴、願意為了支持每個人再多堅持一步而搖旗吶喊的人，懂得了團隊的成長是需要齊心協力。

也感激 Yuichi 在關鍵時刻，總是信任我，選擇我成為搭檔，給予肯定，這讓我覺得溫暖。

特別是 Jussi，教會了我舉高雙手的時候，
不要放棄。讓我認清楚自己，是有能力成為
a better person。

我們在自然保護區裡居住的小屋。

在科勞烏瑪自然保護區營地，享受 Jussi 老師的妻子為我們準備的可口
食物。原始也有原始的美味，誰也沒料到我們的芬蘭野餐是如此豐盛。

STAGE 04
Survivor

超越極限的
雪國生存者

破風風箏
Over the white fells
by wind

破風少女。（Sophie 攝影）

在芬蘭，嘗遍了各種極限運動之後，我愛上了風箏滑雪（Kites skiing），飛躍的感覺讓我由衷地感到快樂，可以清晰感覺到自己的轉變，我的 girl power 回來了！

從哈士奇雪橇長征的懦弱，馴鹿時遭遇極度寒冷，感受破冰接近生死的瞬間──我一直都是處於被動的狀態，短時間內必須去接受適應不來的極限體驗。即使有再堅強的意志，現實是技能始終需要一段長時間的過程實踐，沒有捷徑。接受自己的不完美，會比勉強自己更體面。

這和勇敢、不勇敢沒有關係。雖然我不知道其他隊員會否自省，但敏感觀察力和源源不絕的好奇心，也是促使我能在大起大落的狀態下，迅速找回自己，跨越障礙，進階成長。這一切，都和我的信仰有關，當自己一無所有的時候，特別清晰感受到自己從何得力。

最深的體驗是在攀爬冰瀑，我把信心的碎片一件一件地撿回來了，我真的很努力呢！並不是想證明自己，而是我想做一個能正常的在戶外生存的人，而不是被現實的城市生活馴化，對真正的大自然一無所知。從一開始，我總是與大自然抗衡，努力適應荒野生存，對未知的體驗總是緊緊張張，根本沒有思考過如何玩樂。而風箏滑雪就是讓我懂得與大自然玩樂的開始，I can be a cool kid！

玩風箏滑雪的人其實都是野路子，在拉普蘭北部的禺拉斯（Ylläs）滑雪勝地學習。偏偏我們不屑滑雪場，反而去了附近的冰川湖上進行。帶著韌帶的傷，我始終行動不太方便，還是帶著點猶豫。But who cares？

上：我正在破風而行。（圖片來源：Polar Night Magic 冒險視頻截圖，Visit Finland & Finnair 提供）
左下：因為我實在太輕了，剛開始練習時 Thomas 得在我後面捉緊我的腰帶，防止我被風箏拉飛。
右下：12 米的大風箏。

我的風箏滑雪老師 Thomas 說，你不用管了，風自然會拖著你走的！

風箏滑雪是一種新型的極限運動，大概只有十五年左右的歷史。因為人們實在太喜歡玩風箏衝浪，所以把它延伸到冬天，乾脆將衝浪板換成滑雪板，技巧完全是自己摸索。據我的風箏滑雪老師 Thomas 說，其實最初發明風箏滑雪的人，完全是帶著對生死的覺悟。因為當時風箏的裝備很簡陋，完全是自己改裝，也沒有安全裝置。一旦風向不對，暴風甚至可以把人扯飛好十幾米，即使摔跌了下來有厚雪墊底，還是十分危險，隨時會撞上些什麼。

雖然現在的滑雪裝備已經有所改進，也漸漸在國際間流行，但依然只有少數人會玩，一來風箏滑雪需要相當足夠的設備，二來也需要具備遼闊的開放性區域，所以在自然資源豐富的芬蘭，無論是冰川還是雪上，都是風箏滑雪絕佳的修鍊場。風箏滑雪其實不講究滑雪技巧，如果你懂得控制風箏，即使你的滑雪基礎是零，也保證能滑行。所以，在風箏滑雪的挑戰裡，我們每個人都重回同一條起跑線上，從控制風箏開始學起。

我們使用來自美國的風箏品牌「Best」，價格不菲。裝備有點誇張，我控制的中型風箏，有 12 米寬，足夠把我拉飛。連接著風箏的滑雪腰帶，實實在在地套在身上，猶如拳王的金腰帶，其實是借力作用，透過你整個身體的活動，來靈活控制風箏。

容許我炫耀一下，風箏是來自中國的傳統小玩意，從小就會控制風箏的我，一下子就掌握了控制風箏的技巧，成了第一個破風勇士。當風箏成功進入風窗（風箏力區範圍），破風效應就會開始，這個時候你乖乖別抗衡，越是以蠻力拉扯，只會讓風箏加速下墜。得順著風向的感覺走，留意控制風箏在空中左右劃「8」字，並把弧度控制在風窗裡，使風箏一直保持在半空中，才會滑得平穩。但有時也會突然遇上特別猛烈的陣風，無法破風。好幾次反應不及，忘記鬆手解開安全扣，整個人瞬間被拉飛，教練 Thomas 趕緊追上，將我一把扯下來。後來

看視頻記錄，至少飛了一米高。但我實在覺得太刺激了，像坐雲霄飛車般過癮，還想再飛一次！

如果沒記錯，就在冰川湖上我單手控制著大風箏，用我的雙板「迎風破浪」，飛躍向前的時候，我是哼著電影《落日車神》（*Drive*）裡，最喜歡的一首歌〈你的魔咒〉（**Under Your Spell**）：「I don't eat, I don't sleep, I do nothing but think of you…」

我真的想著你呢，多想讓你知道，我有多喜歡全新的自己！

Yuichi 使用的是滑雪板，在把握了破風技巧後，也成功成為破風勇士，滑行了……幾米。

左頁左：Best 的風箏腰帶實在是太笨重了。
左頁中：為 12 米大風箏打氣。
左頁右：風箏收起來其實才那麼細小。

STAGE 04
Survivor

超越極限的
雪國生存者

終極挑戰
冰川美人魚

穆奧尼奧的特深潛水游泳池。

在水裡，往上看。光影泛起的漣漪，把我與現實隔開了距離，安靜得只聽到水流和呼吸。我與世界隔絕了，我不再屬於地球。我從來都沒有嘗試過冰潛，以後也不確定會否再次嘗試。

終於明白，為什麼要把冰下潛水，安排在旅途的最後。如果說之前的經歷都是磨練，那冰下潛水，就是磨練歷程裡最後一個測試，測試你面對心裡最恐懼的一個關口時，是否能超越。你要戰勝的，是你自己。

旅途來到最後一站，回到穆奧尼奧上專業潛水教練協會（Professional Association of Diving Instructors, PADI） 的速成班。我們只有三日在安全水域（泳池裡）練習潛水，然後就直接跳入冒險水域（adventure open waters），挑戰冰潛。最終也沒記住教練的名字，因為學習過程並不愉快，教練從一開始就沒有花心思教學。過於嚴格的教學，不但對隊員的學習沒有幫助，每日嚴重超負荷的體力任務，導致每位隊員心理壓力都很重。

經過潛水基礎知識測試後，才可以真正嘗試潛水。無論是冒險水域還是冰潛，準備步驟都一樣。首先，穿著合身的潛水衣，檢查氧氣瓶供氣是否正常，裝上充氣後的 BC（浮力背心），把它挪動到水裡。然後穿著潛水鞋後慢慢下水，利用水的浮力，把 BC 和氧氣瓶套在上身；再檢查完氣壓表和呼吸器材的運作是否一切正常。為了防止潛水鏡起霧吐一口口水到鏡面，擦滿整個鏡後才戴上。雖然感覺奇怪，但真的起了作用。如果一切準備就緒，但依然覺得緊張，最好別急著開始潛水，利用潛水鏡的呼吸管呼吸，先於池中來回游泳，適應水的浮力和壓力。

上：在水底時感覺與世界隔絕，安靜到只聽到自己的呼吸聲。（Sophie 攝影）
左下：每日的課程從七點就開始，我顯然不是一個好學生，常開小差把潛水的動作畫下來。這樣不是記得更快嗎？
右下：試穿濕衣。（Sophie 攝影）

對潛水開始產生抗拒感的 Sophie。

你要放下認知，不用相信自己，相信你的裝備。因為一旦潛下去，就是完全不一樣的世界。

過急的潛行，會消耗大量的氧氣。要保持平穩，就模仿一隻在水裡慢慢爬行的烏龜吧。即使下潛才兩米，也會明顯感覺到水壓朝著心臟的位置壓緊，各種不舒服，並不是一下子能適應的。潛水，就相當於把自己關在一個透明的密室，你忘記了你其實擁有走出去的權利，往往因為緊張而自我抗衡，忘記了如何呼吸。Sophie 漸漸對深潛產生不良反應，好幾次因為太緊張而抽筋，掙扎時體力消耗太快，身上的濕衣（適用於熱帶潛水）無法保暖，她必須提前上水。

在水下，我們需要完成兩個測試。第一個是翻筋斗，預防在水裡遇到狀況能迅速找回方向。全員通過。

第二個測試，Sophie 差點溺水。這個動作，需要把BC的氣完全放掉，身體下沉到最底。潛水鏡和呼吸器材摘下來，然後在水裡張開眼，取回呼吸器恢復呼吸，同時戴回潛水鏡，輕微向上，用鼻子強力噴氣，把水從潛水鏡逼出來。

為了加快學習的進度，教練用了不妥的方式，強迫冒險隊完成測試。當時，我就潛游在 Sophie 旁邊，眼睜睜地看著她被欺負，在她沒有準備好的情況下，教練強行抓開她的呼吸器，本來就緊張的 Sophie 完全陷入了恐懼，不但沒有找回自己的呼吸器，也忘記了給 BC 充氣，拚命划水卻一點也上升不了，嗆到水。還好 Yuichi 在水底反應特別快，趕緊把她整個人托起來，她才回

到水面，重新呼吸。我趕緊上浮，抱著她，拍打她的背說，「Is ok, is ok, I am here! Sophie, look at me!」

為此我和教練爭執，這是我第一次在團隊裡真正發火。教練亦不給我時間安慰 Sophie，把我們倆強迫分組，強行讓冒險隊繼續練習，不能休息。無法戰勝心理障礙的 Sophie，被迫放棄。因此，冰潛只有其餘四個冒險隊員，我和 Yuichi、K、Matthias 能進階挑戰冰潛。

如果當初，我可以幫助 Sophie 牽著她的手，重新讓她認識潛水，她就不會如此抗拒潛水。Sophie 之所以緊張，我覺得完全是因為教練的不負責任，沒有細心留意到隊員的反應，很可能讓 Sophie 一輩子對潛水都留有陰影。

冰潛當日，氣溫急降，零下 20 度。我們在開放水域的冰川湖冰潛，任務是穿越冰層，到達另外一端的水面。教練帶著嘲笑的口吻，說：「You guys so stupid. If it's me, I am not going to do it」。無疑又增加了隊員的心理壓力。在芬蘭，一般超過零下 5 度的話是禁止潛水的。

我們都只有一次機會，潛入冰川湖，冒著呼吸器隨時被冰堵封的危險，怎麼可能會不害怕呢？這都已經不是勇敢就能堅持的事情，完全是賭上自己的性命。賭自己能不能撐得過去！

Yuichi、K 和 Matthias 先潛，最後輪到我。我的身體沉不下去！沒料到游泳池和冰川湖的水的質量和浮力不一樣。我體重過

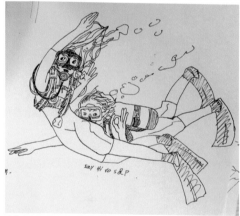

我與 Sophie，在水中用 GoPro 自拍。

輕，需要再增鉛加重，但已經來不及重新回到水面。教練問我：「Are you still going to do it?」我說：「Let's do it」。猛然間，他把我的頭強制壓進了水裡，強行放掉我 BC 的氣，我整個人被壓沉了。事前他根本沒有給我一個信號讓我去準備，所以我不是潛下去的，而是被壓下去的。但我不能起來，起來就前功盡棄，真的結束了！

冷和恐懼占據了我所有的知覺，我知道自己在抖。我的心跳也在劇烈加快，在冰川湖裡，除了混沌的顏色，什麼都看不見；同時也很害怕，會看到些什麼。那種感覺只有寂寞，比死更冷漠。我順著繩索，頂著頭頂的冰層，盡量不去想，如果我這個時候溺水，厚冰層是破不開讓我回升到水面的。我可以感覺出自己到了極限。原來，極限真的存在，且與死亡如此接近。我想起自己還有很多沒有經歷過，及想去經歷的事情，過去的畫面像跑馬燈般一幕幕浮現。等等，我還有很多事情就擺在未來，我還想一一嘗試。我要回去！我得趕緊回去！

終於，我跨越了極限，從冰川完成了穿越；回到岸邊，回到了「地球」。

Sophie 跟我說，「歡迎回來，冰川美人魚。」

冒險隊準備就緒，做最後的檢查。

上：探險隊就是要穿越這個開放式潛水用的冰川湖。
左下：臨下水前，每個人都很緊張。
右下：我是冰川海女。

STAGE 05
Finnish

從荒野到美學

美好生活在赫爾辛基
我的 HOT SPOTS

回到冒險旅途的起點和終點站：赫爾辛基。

我卸除去了戶外裝備。三個月的冒險少女，從魔幻森林回到現實城市，荒野求生回歸當代摩登，看盡了赫爾辛基的美好生活設計；多希望能浪費更多時間，漫無目的地散步，感受這個城市的藝術與設計。

康比禮拜堂（Kamppi Chapel）
最不像教堂的寧靜禱告之地。
w: helsinginseurakunnat.fi
a: Simonsgatan 7, 00100 Helsingfors, Finland.

聖殿廣場教堂（巖石教堂，Temppeliaukio Church）
建立於一塊巨大的巖石中，經常有音樂家的演奏。
w: www.helsinginkirkot.fi/en/churches/rock-church-temppeliaukio
a: Luthergatan 3, 00100 Helsingfors, Finland.

Vanha Kauppahalli（Old Market Hall）
一個靠近海邊的舊海產市集，體驗當地人的生活節奏。
w: vanhakauppahalli.fi
a: Södra kajen, 00130 Helsingfors, Finland.

Designmuseo（Design Museum）
芬蘭一切美好設計的起源，芬蘭設計博物館。
w: designmuseum.fi
a: Korkeavuorenkatu 23, Helsinki, Finland.

NIDE Kirjakauppa
本地書店，販賣著美好的獨立文化和設計。
w: www.nidekauppa.fi
a: Fredriksgatan 35, 00120 Helsingfors, Finland.

HAM Helsinki
時髦又時髦的當代藝術畫廊 HAM。
w: hamhelsinki.fi
a: Eteläinen Rautatiekatu 8, 00100 Helsinki, Finland.

Lokal
本土品牌，包括陶瓷和手工藝，
純純的小驚喜。
w: lokalhelsinki.com
a: Annankatu 9, 00120 Helsinki,
Finland.

Artek 2nd Cycle
這是一個神祕的地下二手復古家居店，進
去後一定不想走出來。
w: 2ndcycle.artek.fi
a: Pieni Roobertinkatu 4-600130 Helsinki,
Finland.

Museum of Contemporary Art Kiasma
當代藝術博物館

w: kiasma.fi
a: Mannerheiminaukio 2, FIN-00100, Helsinki, Finland.

Costo concept store
深受本土年輕人熱愛的潮流品牌。使用循環再造物料，也是我最喜歡的帽子設計品牌。
w: www.costo.fi
a: Yrjönkatu 34 00100, Helsinki, Finland.

Johanna Gullichsen Textile Craft & Design
芬蘭本土家品布藝設計
w: www.johannagullichsen.com
a: Fredrikinkatu 18 00120 Helsinki, Finland.

Kauniste shop
原創手工品牌，布料及家品為主。
w: kauniste.com
a: Fredrikinkatu 24 00120 Helsinki ,Finland.

Pino
芬蘭本土文具店，充滿了北歐的文具品牌設計。
w: www.pino.fi
a: Fredriksgatan 22, 00120 Helsingfors, Finland.

Iittala
玻璃工藝品牌。此為旗艦店，特設展覽區，與三宅
一生合作的家居系列亦在內展示。
w: iittala.fi　a: Norra Esplanaden 23, 00100 Helsingfors,
Finland.

Marimekko Oyj
Marimekko 的折扣店和工廠。
w: marimekko.fi
a: Hakaniemi Market Hall,
Hakaniemenhalli, Tavastvägen 1, 00530
Helsingfors, Finland.

STAGE 05
Finnish

從荒野到美學

罌粟花工廠

很多年前在上海看過 Marimekko 的展覽，當時對這個品牌並不是太了解，只是單純很喜歡，一朵朵罌粟花的圖案，被不規則地放大，刺激視覺，帶來了快樂。後來，越深入了解越是熱愛。當時記住展覽裡的一句話——No more no less，不多不少——甚至還影響了我對日後創作的想法，思考自己的作品，到底想傳達的是什麼信息，怎麼樣才能和別人分享快樂。

那句話來自創始人艾米·瑞夏（Armi Ratia, 1912-79）：「存在於人們每天的生活裡，並實現我們神祕的夢想。不多不少——這就是我對 Marimekko 未來的想見。」（To be present in the everyday lives of people and make our secret dreams come true. No more, no less--that is my vision for Marimekko's future.）

Marimekko 創立於戰亂的年代，艾米·瑞夏想設計出讓人在生活裡使用，感受到快樂和正能量的布料。重複又簡單的大面積圖案，透過設計語言帶來視覺上讓人愉悅的效果。

沒料到今天，我以冒險者的身分踏足於芬蘭，參觀位於赫爾辛基的 Marimekko 罌粟花工廠。如果說冒險之旅是人生中的極限挑戰，那參觀 Marimekko 罌粟花工廠就是我藝術生涯裡一次意外的獎勵。

我是何其幸運，能有機會來到參觀品牌的發源地。看著一朵朵罌粟花從龐大的機器滾筒裡，透過絲網印刷的技術，漸漸加深了輪廓，豐富了顏色，經過多種工序，才成為一匹完整的布料。

每一匹都如藝術品，充滿著視覺感。我相信帶著文化底蘊和設計宗旨的品牌，無論時代如何變遷，都可以讓人留下深刻的印象。而 **Marimekko** 的罌粟花，就是如此，帶著品牌的精神，把快樂盛開到世界的每個角落。

我相信 **Everything has a meaning**，一切並不是純粹地巧合。能來到這裡，清晰感受到一種使命的啟發；總有一日，我會擁有自己的「罌粟花」，為這個世界繼續帶來更多的生活哲學和快樂的設計。

上、下：Marimekko 工廠內部是不對外開放的（必須受到邀請才可以參觀），但探險隊員在參觀期間還是有機會在他們的員工餐廳裡用午膳，而且都是使用自家製餐具。

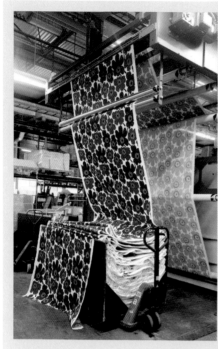

```
      2
  1   3
      4
```

罌粟花布料圖案製作

1 絲網印滾筒
2 罌粟花專用的配色染料
3 不同圖案的絲網滾筒
4 直版絲網印刷,把不同
  的顏色分層印染。

印布車間

布料貯存室

即使已經用舊了的絲網,也有獨立存放的地
方,小心保存。

來到 Marimekko 罌粟花的工廠,當然要買、
買、買。因為這裡是全球唯一最大的折扣店。
來芬蘭,總要帶點罌粟花回家!

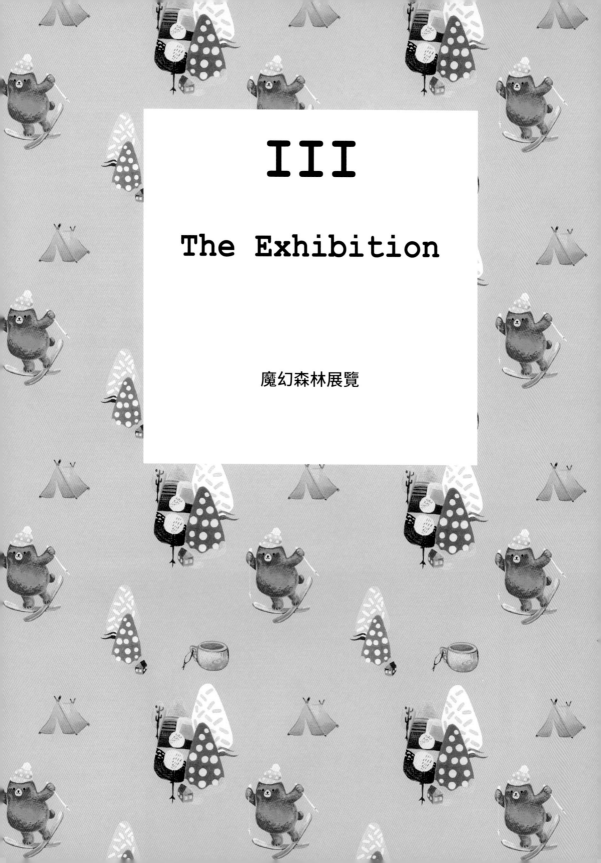

III

The Exhibition

魔幻森林展覽

THE EXHIBITION

魔幻森林展覽

Polar Night Magic 的冒險小電影，隨著探索之路的展開，同步在 YouTube 播放。據說至今已經超過 200 萬人觀看，我不知道屏幕後的觀眾來自何方，是否有一直 follow 著、喜歡我們的冒險故事。只是覺得經過剪輯的短片，並不能描繪出全部的經歷，背後更多的體驗，是影像上無法完整表達的。

2016 年，時隔一年，我把 Polar Night Magic 的探險旅程，以個人藝術創作的方式，延續了這個冒險故事，馬不停蹄地在廣州、上海、重慶展開了巡迴展覽。從畫廊走進了商場，甚至還受邀在芬蘭駐上海的總領事館裡展出。短時間內，觀眾反應熱烈。我的冒險故事，鋪天蓋地重新進入觀眾的視線，出現在各種媒體和電視節目上。對於展覽突然受到前所未有的強烈反應，真是受寵若驚。大概是因為每個人的心裡，都潛藏著冒險精神，渴望共鳴。

上海（左）重慶（中）與廣州（右）巡展時的宣傳海報。

左：長廊正對我最喜歡的魔幻白森林照片，馴鹿效應。零下 40 度，穿著薩米族人衣服的我，恰好表達了當時的狀態。
右：展覽入口處我用 Marimekko 的布料製作了一隻真人高大小的布芬蘭棕熊，代表著我迎接每一位到來的觀眾。

我是真的不捨得這個冒險故事，就這樣隨著時間而結束。乾脆用自己最擅長的藝術，以插畫、攝影、短片、手工毛氈裝置等，堆砌一個「POPIL 的魔幻森林」，為你「講」一個故事。整個展覽用了三個月來策劃，但實際只有十天的準備，和三日的布展。在內地策展，其實越來越商業化，別人形容我的展覽總是充滿了童真。其實是因為我太堅持己見了，堅守著心裡單純的部分，不願意妥協。

在廣州的展覽裡，看到最讓我感動的一幕。

三個小朋友，排排坐著，安安靜靜地踎坐在展廳裡。認真觀看 **Polar Night Magic** 的冒險電影，對冒險旅程產生種種好奇。雖然並不能完全理解探險的意義，但是依然被冒險故事所吸引。小朋友還愉快地拿出自己的作業本，臨摹現場的藝術作品，畫了幾張小畫。

突然覺得所有的創作都是有意義的。

或許我真的是一個做夢者，擅長分享快樂。
我用 100 日，做了一個冒險者的夢，放入
我的行李箱，帶回來分享。

願我的 100 日冒險故事和作品，能鼓勵你，
勾出心裡的一點點勇氣，邁步展開屬於你的
征途，成為下一個生活裡的冒險者。

上：大型繪畫裝置，描畫了在零下 40 度的冰川湖上，幻
想北極光的火狐追隨在自己身後。
中：壓克力冰山裝置，和被白森林包圍的「姆米小屋」。
下：邀請了其餘四位隊員共同參展，每人一張最喜歡的代
表攝影作品。

Polar Night Magic 冒險視頻

Polar Night Magic 极夜·极魔幻·极致体验100天
一位站芬兰极生存的微电影，由芬兰航空&芬兰旅游局出品

Stage 01·打造北极生存的必需品
Stage 02·「火狐」之謎
Stage 03·静谧时光
Stage 04·冬度芬兰荒漠

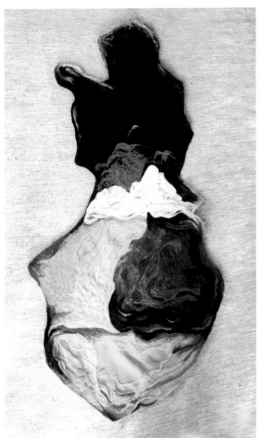

左上、右上：在芬蘭，冷是每日最大的體驗。薩米族的手工製作品，讓我印象深刻。保暖，而且保留了芬蘭的傳統手工藝。所以我想用毛氈，製作出芬蘭的地圖以及芬蘭的棕熊，展示芬蘭的手工製作的魅力。
下：手工製作的毛氈芬蘭棕熊和地圖裝置品。

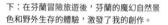

我製作了一個霓虹燈的藝術裝置，讓人感受北極光給空間帶來的顏色變化與我的標誌性形象一起。

下：在芬蘭冒險旅遊後，芬蘭的魔幻自然景色和野外生存的體驗，激發了我的創作。

Afterword.

100 天的極限探險，最後一站回到赫爾辛基，慶祝冒險王者歸來。完成最後拍攝，與團隊告別。這一幕特別尷尬，我們五個人站在海邊，沒有一個人主動說再見，不是因為不捨得，而是不知道怎麼樣結束。

Sophie 對我說：「沒有你在身邊我會很不習慣，獨自醒來，沒有團隊一起的早餐。沒有人告訴我要做什麼，沒有行程、沒有教練的生活。我感覺奇怪，不知明天該做什麼。我現在覺得害怕。」我回她：「我有同樣的感覺，我覺得我的心碎了。」

對慶功宴的印象，很模糊。我被芬蘭的王牌琴酒灌醉了。只記得當晚，Polar Night Magic 的台前幕後相關人員都來參與，浩浩蕩蕩地塞滿了整個餐廳。很多人我都不認識，都對我說：Welcome back, congratulations！分不清到底是慶祝我們平安回來，還是因為瘋狂的項目終於結束。我們每個人收到一塊 3D 切割打造的木質牌匾，作為紀念。上面刻著我的名字，冒險的日期和時間。很輕，拿在手裡感覺不到重量。就如我們的旅程，走到了終點，就這樣結束了，一點真實感都沒有。

翻看手機，有一張在公用洗手間門口，我對著鏡子自拍的照片，我整個人坐在洗手台上，與 Sophie 和 Mikko 三個人，互抱著痛哭。都已經是成人，還哭成這樣，太失禮了。深刻記得，Mikko 猛然抓著我，抱頭痛哭地對我說：「I Love u so much, Popil! I am f***ing Love u! You are f***ing dame art bitch! Promise me, keep your art going. Never

turn back to the normal life!」你說的我都知道，但我真的可以就這樣離開，回到我的正常生活嗎？我已經太習慣戶外的生活了，不知道怎麼回到現實。我們的冒險故事，真的發生過嗎？

回到美國後，一度覺得自己患上了創傷後壓力症候群。我整個人特別失落，感覺自己的靈魂永遠有一部分留在芬蘭。有時候夢到自己失足墜入冰川湖，在半夜裡驚醒，特別難受。才意識到，自己對生死體驗的恐懼，從未散去。偶爾和 Sophie Facetime 時說的都是 Inside joke（只有她聽得明白的笑話），甚少新話題。別人都覺得是了不起的經歷，我則覺得每一幕都帶來痛楚。正因為經歷過，才無法釋懷現實生活帶來的巨大落差。

雖然有寫書的想法，但遲遲未動筆，不知道從何處下手。有一段時間，甚至完全停止了創作。每天只想做麵包，忙著生活瑣事，過一個普通人的生活。我似乎每日都很忙，卻沒有一件是正經的事，漸漸對自己產生了失望。

偶然，在紐約和郝明義先生敘舊，聊起這段旅途。他幫我測算生命靈數（古希臘數學家畢達哥拉斯所倡導的科學公式計算法），把我的人生剖白得就如一部電影的劇情。過去和現在我的數字是 5，就如朝氣蓬勃的吉普賽女郎，過著遊牧的生活，而且必須是移動才會改變命運。命數是 7，天生的獨行俠。將來的數字是 9，追夢者，是智慧的數字，擅長幫助他人，帶給他人快樂。

我不停思考，自己到底是誰，接下來要做什麼。繼續投入藝術的創作，還是放棄現在擁有的安穩，重新回到冒險的人生？如果我真的是天生的獨行俠，那我一定擁有可以容納一切的力量。那這個力量，從何而來呢？我只能向我的信仰祈禱，尋找答案。

直至重新執起畫筆，發現自己的繪畫因為閱歷而產生了巨大的改變。我開始不再糾結思考未來的問題，而是現在我真正想做的是什麼。我現在，就只想畫畫、寫字，把這段回憶統統記下來。

謝謝你，成為這個冒險故事裡其中一名觀眾。讓我完整了這個故事，也完成了傾訴。可以放下承重，繼續成長。

鳴謝，為這本書付出了巨大心血的編輯、幫助我巡迴展覽的人和畫廊空間；以及芬蘭旅遊局、芬蘭航空和芬蘭領事館。

Appendix

相關人物

極夜團隊五位隊員

Sophie   www.sophienolan.com
rawr@sophienolan.com

Yuichi   www.instagram.com/yokoichi777
yokoichi@sorachika.com

K. Chae   www.kchae.com
k.chae@icloud.com

Matthias   www.mh-online.ne
mail@mh-online.net

Popil   www.popil.net
popilcat@gmail.com

極夜團隊隊長

Pasi
Ikonen   www.hettahuskies.com
pasi@arcticmountainguides.com

攝影師

Mikko
Leinonen   mikko.leinonen@me.com

Otso   www.otsoalanko.com
otso.alanko@gmail.com

極夜司機

Justus   justus.nyqvist@yahoo.com

相關機構

組織舉辦方

芬蘭旅遊局官網   www.visitfinland.com
芬蘭航空   www.finnair.com

極夜團隊官網

100 Days of Polar Night Magic   polarnightmagic.com
極夜 · 極魔幻 · 極致體驗 100 天   polarnightmagic.com/cn
極夜 100 日冒險視頻   www.youtube.com/user/VisitFinland

鳴謝，贊助以及合作

頌拓（Suunto）   www.suunto.com
哈迪（Halti）   www.halti.com

赫爾辛基（Helsinki）旅遊局   www.visithelsinki.fi/zh
奧盧（Oulu）旅遊局   www.visitoulu.fi/en
凱米（Kemi）旅遊局   www.visitkemi.fi/zh/

特別鳴謝 Nike：www.nike.com
長期以來，支持我的夢想及贊助我個人運動裝備及
服飾。

相關網站及聯絡

I. 在芬蘭，你需要知道的事

芬蘭旅遊資訊
www.visitfinland.com
馴鹿牧場，兼薩米攝影師聯繫／Paadar
www.facebook.com/paadarimages
www.instagram.com/paadar_images
聖誕村
www.santaclaushouse.com
北極圈科學博物館
www.arktikum.fi/EN/
羅瓦涅米科學中心
www.tiedekeskus-pilke.fi/en/
羅瓦涅米藝術博物館
www.korundi.fi/en/Home
HAM 當代美術博物館
www.hamhelsinki.fi/en/

II. 百日極地極限探險

STAGE 01 冒險者入門

Puukko 刀／Jouni 老師
www.kuukasjarvi.net
jouni @ kuukasjarvi.net
滑雪老師 Oula 及提供滑雪的機構
oula-matti.peltonen@santasport.fi
Santasport :santasport.fi/en

狩獵北極光
jounimann.kuvat.fi
傳統桑拿和靜謐隱居提供服務的公司：
HARRINIVA HOTELS & SAFARIS
www.harriniva.fi
info@harriniva.fi

....

STAGE 02 駕馭雪國的鐵獸

Fat Bike 及雪地摩托租借公司
www.blissadventure.fi/en/fatbikes/
www.capelapland.com/training.php
拉力賽車
juhakankkunen.com
www.levirallycenter.fi

....

STAGE 03 我是半個薩米人

雪地徒步的公司
www.laplandsafaris.com
拍攝金鷹的公司
finnature.com
Hetta 哈士奇牧場
www.hettahuskies.com/en
馴鹿牧場
www.sallareindeerpark.fi

Appendix

相關網站及聯絡

STAGE 04　超越極限的雪國生存者

破冰輪船的公司
www.visitkemi.fi

弓步滑雪：任何一個滑雪場都可以學到，查詢
www.visitfinland.com

攀爬冰瀑
www.outdoorpassion.fi/en

風箏滑雪教練／Leijakoul Lappis
www.viimakiteboarding.fi

冰潛
www.seikkailukeskus.com

....

STAGE 05　從荒野到美學

關於赫爾辛基旅遊
www.visithelsinki.fi/en

Marimekko
www.marimekko.com